EAST VILLAGE BLUES

Fiction & Cie

Chantal Thomas

EAST VILLAGE BLUES

Photos d'Allen S. Weiss

récit

Seuil

57, rue Gaston-Tessier, Paris XIXe

COLLECTION
« Fiction & Cie »
fondée par Denis Roche
dirigée par Bernard Comment

Photos : East Village, 2015-2017
© Allen S. Weiss

ISBN 978-2-02-140692-4

www.seuil.com
www.fictionetcie.com

Sire, ce serait vraiment méfait de pendre ces gentils clercs : ces poètes-là, voyez-vous, ne sont pas d'ici-bas : laissez-les vivre leur vie étrange ; laissez-les avoir froid et faim, laissez-les courir, aimer et chanter : ils sont aussi riches que Jacques Cœur, tous ces fols enfants, car ils ont des rimes plein l'âme, des rimes qui rient et qui pleurent, qui nous font rire ou pleurer : Laissez-les vivre : Dieu bénit tous les miséricords, et le monde bénit les poètes.

Arthur Rimbaud,
Charles d'Orléans à Louis XI

Vers 2 heures du matin, à l'instant où je sortais d'un bar, le White Rose, une extase m'a saisi, une de mes visions comme autrefois, « remplie d'un million de chagrins et d'un million de folles espérances », comme je l'ai pensé. C'était formidable. Je ne vais pas la décrire maintenant. Je la mentionne simplement comme une réaffirmation du fait que je serai toujours, toujours, un poète, « un poème en marche » vivant.

Jack Kerouac,
Journaux de bord, 1947-1954

1

Le pas new-yorkais

17, 18 juin 2017. Ma valise est prête. Je gratifie d'une ultime ondée le rosier blanc et vérifie que j'ai mon passeport. L'identité n'est pas mon fort. J'ai perdu six passeports dans le cours de mon existence (perdus, ou qui me furent volés). Pour celui-ci, la préfecture de police, comme sensible à un imaginaire de conte de fées et frappée par le chiffre 7, m'a suspectée de me livrer à un trafic de papiers d'identité et avertie qu'il ne m'en serait pas délivré d'autre. Si, en plus, « ils » savaient qu'il y a quelques années à Chicago, au bord du lac, un jeune voyou posté au bout d'un tunnel, aussi terrifié que moi (et chaussé des mêmes boots Timberland), mais mieux armé, m'avait pris ma carte verte, ma précieuse *green card*, peut-être ne m'aurait-on pas accordé ce septième passeport, le dernier. Il est bien rangé dans mon sac à main, avec mon billet d'avion, mon billet pour New York. Rien que de l'effleurer du bout des doigts, je suis parcourue de l'impatience de partir, de m'envoler. D'apercevoir déjà du hublot les plages rectilignes du rivage d'Amérique, le blanc liseré du sable contre la bordure mouvante des vagues… Mais une fois à l'aéroport, je suis rappelée à la pesanteur du réalisme et à cette vérité, de plus en plus confirmée, que s'embarquer pour un vol n'est pas un moment de pur élan. On est près de s'envoler, certes ; mais aucune euphorie ascensionnelle n'est au programme. Ce matin, à l'aéroport Roissy-Charles-de-Gaulle, il y a eu un bagage « abandonné » ; quand j'arrive, c'est le second. La foule des voyageurs mise à distance à cause du premier incident et prête à réintégrer l'espace voyageurs est repoussée par une nouvelle foule, sous la menace d'un autre bagage abandonné. Je me retrouve à l'extérieur, devant une porte d'entrée mais à l'intérieur d'un enclos délimité par un fil de plastique du genre de ceux qu'on utilise à la campagne avec les troupeaux de vaches. Nous sommes terriblement serrés. Des employés empêchent que l'on ne quitte l'enclos. « Il faut savoir prendre son mal en patience, madame », meugle un petit homme en short, chemise rose et chapeau de toile, un paquet de nerfs dans la rage anticipée de se payer du bon temps, à l'encontre d'une dame, collée contre lui, qui pour la énième fois demande à passer la limite

pour fumer une cigarette. Lui-même est au bord de la crise. Peu après, le processus ayant repris une allure relativement normale, nous sommes autorisés à réintégrer l'aéroport ; c'est alors que le tapis roulant pour les bagages tombe en panne. Tout se fige. Un tapis roulant qui ne roule pas, de quel nom le traiter ? Le vacancier colérique cherche quelqu'un sur qui déverser sa fureur.

À l'instant où l'avion décolle, je décolle. Une bouffée d'insouciance me propulse avec l'appareil. Je deviens aussi insubstantielle qu'une bulle de plaisir. Bien que l'avion soit parti avec plus d'une heure de retard, ça n'entame pas l'aura de cet instant. Et, tandis que je bois un verre de champagne en regardant en bas les minces plaques d'or des champs de tournesol de la campagne française, je savoure l'euphorie d'un triomphe. Peu importe que je n'y sois pour rien et que seul le hasard m'ait fait traverser sans encombre ces obstacles dus au terrorisme et à la technique (les deux, au point où nous en sommes aujourd'hui, se maîtrisant aussi difficilement l'un que l'autre et, de plus, ayant partie liée). Ma part d'« implication » personnelle consiste à lui faire confiance. Entièrement. Sans restriction. À vouloir ce qui m'arrive. J'appelle « hasard » ce qu'en d'autres siècles on nommait « Providence », ou

« Fortune », la déesse à la corne d'abondance, celle entre les mains de qui, si ce n'est pas nécessairement heureux, il est toujours excitant de mettre sa destinée.

L'avion traverse les nuages. Il est une flèche pointée vers l'azur.

Durant le parcours, une série de turbulences ne peuvent rien contre l'allégresse de Radio Latina, sur laquelle je me suis branchée, quelque part au-dessus de l'Océan. Un bon choix : les ressources de joie de l'Amérique latine sont une victoire par alliance sur un fond continu de zones de turbulences.

En avion, je ne lis pas. J'écoute de la musique et je regarde le paysage, les changements de ciel, les architectures de nuages, les animaux fantastiques, les palais qui s'érigent et se défont en un clin d'œil, le soleil couchant, indéfiniment couchant, ou le contraire, une aurore intemporelle. Mon voyage est détruit si j'ai un siège sans visibilité. Le hublot est essentiel à mon bonheur. Je suis « au hublot », comme dans un train, l'enfant, l'étranger sont « à la fenêtre » : « Être assis dans un wagon de chemin de fer, écrit Kafka, l'oublier, vivre comme chez soi, s'en souvenir brusquement, sentir la force du train qui vous emporte, devenir voyageur, tirer sa casquette de la valise, traiter son compagnon de voyage avec plus de liberté, de largesse, d'insistance, être emporté vers le but sans le mériter, sentir cela à la manière d'un enfant, devenir le favori des femmes, subir l'attraction incessante de la fenêtre, poser toujours au moins une main sur le rebord[1] . »

Jaune est la couleur de l'arrivée à New York : d'abord le suspense de passer ou non avec succès la ligne jaune du service d'immigration (je me rappelle une fois où, n'étant pas aux normes, j'avais été sanctionnée d'un dossier rouge, lequel peut signifier le renvoi immédiat au pays de départ, c'est-à-dire, dans certains cas, la prison ou la mort. J'ai encore en mémoire les yeux d'angoisse d'un Pakistanais, sa main serrée sur le funeste document), puis les taxis, jaunes…

Dans la file d'attente, une femme, volumineuse, devant moi, avec une copine. Elles rient fort. La femme se penche pour entrer dans la voiture, elle dévoile ce qui est écrit en bas de son tee-shirt, juste au niveau des fesses : *Touch this*. Tout en respirant avec délices le souffle sirupeux de l'été new-yorkais et songeant qu'au temps des voyages en avion c'est le contact avec un air différent qui procure le premier choc physique d'étrangeté, j'imagine la gifle qu'elle enverrait à qui oserait s'y risquer… D'ailleurs, avec les trains également, maintenant qu'ils sont aussi hermétiquement clos que les avions, il faudrait casser une vitre à coups de marteau pour pouvoir se pencher dehors, le visage offert au vent de la vitesse.

Sur le trajet vers l'East Village, le chauffeur de taxi doit modifier son parcours parce qu'une rue est barrée pour une *street fair*, une « kermesse de rue ». J'ai le temps d'apercevoir, parmi les vendeurs de fringues indiennes, tartes faites maison, bonnets rastas, pots de miel et falafels, une petite fille, une poupée Barbie dans chaque main, en train de les plonger la tête en bas dans une bassine. Et, non loin, cette installation digne de Raymond Roussel : une minipiscine, un enfant assis au-dessus sur une planche, une cloison sur laquelle est peint un soleil. Il faut viser le cœur du soleil avec une balle, s'il est touché la planche s'abaisse, l'enfant tombe à l'eau. Les enfants font la queue pour monter sur la planche. À chaque fois, ils sortent du trou d'eau, la mine ahurie. Quand il s'agit d'un mauvais viseur qui rate systématiquement la cible, le cœur du soleil, la planche ne s'abaisse pas et l'enfant reste, frêle et palpitant, en attente.

Je n'ai pas été très attentive à l'adresse notée sur un bout de papier et que j'avais indiquée au chauffeur, 115 East 9th Street à l'angle de 3rd Avenue, ni quand celui-ci m'a déposée devant l'immeuble (air conditionné, gardiens galonnés, vaste hall, orchidées blanches, fauteuils de cuir, hautes glaces répétant fleurs blanches et visages sans expression). J'ai l'impression d'entrer dans un hôtel anonyme ou dans un établissement de convalescence. L'appartement prêté par une amie est au quinzième étage.

De la fenêtre de la chambre je peux voir deux clochers d'églises proches, exactement équidistants. Je reconnais Grace Church, vers l'ouest, élégante, élancée, et St. Mark's Church, vers l'est, trapue, rurale. Un petit air benoît qui ne me trompe pas. « Je sais de quoi tu es capable », lui dis-je, avant de céder avec bonheur à la fatigue du voyage, car la fatigue, pour qui aime voyager, n'est pas un élément négatif. Elle approfondit une intimité entre soi et son corps, scelle une connivence avec le nouveau monde.

Avec cette brusquerie propre au décalage horaire, qui fait tressauter votre corps de la sonnerie d'un réveil actuellement posé sur une étagère située à des milliers de kilomètres, je me sens arrachée à mon rêve, au lit, à l'appartement. Je suis à nouveau dans le hall de l'immeuble, même décor d'état d'extinction, mais désert, à l'exception du *doorman*, du « gardien » du matin (ou de la nuit), lequel, tout raide derrière un bureau, me lance d'un ton d'automate : « *Have a good day!* » Il essaie d'y mettre quelque attention mais n'y parvient pas. Des semaines plus tard durant mon séjour, quand il sera hors travail et avec ses copains et que je le croiserai par hasard à un coin de rue, je remarquerai, au contraire, son ton de voix chaleureux, plein de vitalité – mais alors, il sera retourné à la langue espagnole, *sa* langue. Car, ici, gardiens, serveurs, infirmiers, employés de maison, de magasin, de métro, tous quittent leur langue maternelle à la minute où ils revêtent leur uniforme, et y reviennent le boulot terminé. Il m'a souhaité « bonne journée » en anglais, dans sa langue de travail. Je lui ai répondu de même, mais pour moi, c'est ma langue de voyage. Elle se teinte aisément de la couleur de l'instant.

Tout de suite, à 5 heures du matin, le ciel, parsemé de légers nuages blancs, est traversé de lueurs bleu acier et roses. Un air, encore irrespiré, transmet une faible fraîcheur venue de la nuit. J'en éprouve comme un parfum d'aventure.

Les aubes d'arrivée ont une puissance singulière.

Je me dirige vers Cozy Soup'n'Burger ouvert vingt-quatre heures sur vingt-quatre sur Broadway. J'y avais mes habitudes pour le breakfast ou, l'après-midi, pour un riz au lait, *rice pudding*, ou *rizogalo*, à peu près le seul mot de grec moderne dont je dispose, alors que des années de grec ancien m'ont fait apprendre par cœur des tirades d'Euripide, des récits de Xénophon, les plus belles réparties de Socrate. Perdue sur une île grecque, voilà tout ce dont je serais capable : demander un riz au lait… Par pénurie linguistique je serais réduite à répéter jusqu'à satiété mon goût d'enfance pour les nourritures blanches. Cozy Soup'n'Burger est toujours là, havre pour les noctambules, les malheureux en proie à une tourmente, d'amour, d'argent ou de tempérament, les errants impénitents qui vont et viennent dans la ville, la parcourent en tous sens comme les fous qu'ils sont, qu'ils sont devenus à force de marcher, un pied puis l'autre, épuisés ou survoltés, tendus vers une fin, laquelle ils n'en savent rien, mais ils continuent les bras ballants, ou poussant devant eux des chariots débordants de sacs archipleins de bouteilles en plastique, qui leur seront payées le prix de la consigne, quelques centimes la bouteille. Des échafaudages volumineux, informes, des trésors de vide au pied desquels, le soir, pauvres corps brisés, ils se couchent.

En fait, c'est toute la ville – ses bars, ses magasins, son métro – qui sont un havre pour les noctambules. Elle réussit cet exploit, elle réunit ces deux qualités normalement séparées : vous inonder chaque matin de la clarté d'un commencement, frémir d'une énergie diurne infatigable *et* ne jamais se coucher, procurer aux insomniaques, à toute heure de la nuit, le réconfort d'une présence réelle.

La carte est la même. Ainsi que l'atmosphère du lieu et sa disposition : il y a le côté bar et le côté tables. Les deux vous assurent une égale solitude, qu'elle vous soit chère ou qu'elle vous enrobe d'une barrière aussi invisible qu'infranchissable, comme dans un tableau d'Edward Hopper. J'ai une tendresse pour les *diners*, je suis triste de savoir que c'est une catégorie d'établissements, généralement tenus par des Grecs, en voie de disparaître. Mike Stratidis, patron venu, jeune, de Chios qui, au début des années 1970, avait ouvert le restaurant, le menait rondement et était sans cesse en mouvement, se retrouve figé sur plusieurs photographies d'articles de journaux racontant sa réussite professionnelle. J'oublie la fin annoncée des *diners*, capte son sourire et demande un riz au lait, aussitôt répercuté vers la cuisine. Le plaisir d'être à New York, à l'orée de l'été, m'envahit avec la première gorgée de café. Comme je plante ma cuillère dans la blancheur onctueuse du riz, un fragment de mon rêve me revient, plus exactement les mots sur lesquels l'heure de France m'a réveillée : « Tu as eu plusieurs jeunesses. »

Je me lève pour aller payer à la caisse, juste à l'entrée. Une dame brune et d'âge mûr chantonne. Elle reprend pour elle-même les airs distillés en sourdine par une petite radio posée à ses côtés.

– Ce sont des chansons grecques ?

– Oui, des chansons de l'île où nous sommes nés, mon frère et moi : Chios.

Elle se tourne vers le mur derrière elle, couvert de cartes postales envoyées de Grèce, mer et ciel, des variations de bleu. Elle me montre un point, Chios, et puis un autre, Saint-Nicolas, en Crète, l'île où est né son mari.

Les îles grecques, elle ne les oublie pas, tandis qu'elle demeure assise à la caisse depuis près d'un demi-siècle, adossée à la Méditerranée, avec seulement ses doigts qui bougent pour rendre la monnaie.

Sur Broadway, ligne de démarcation entre l'ouest et l'est, le trafic est invraisemblable. Parmi les voitures, les autobus, les camions, se détache, quasi nue, les cheveux au vent, la silhouette d'une adolescente en rollers. Elle évolue, sans lui accorder l'ombre d'un pouvoir, entre les griffes de la Mort. La tête dans sa musique, elle la prend de vitesse et de souplesse. Ses carapaces de métal, sa puissance mécanique, elle s'en moque.

Sur le trottoir opposé, un garçon est assis dans un fauteuil défoncé. Des dossiers, des livres, des vieux journaux sont éparpillés au sol. En passant près de lui je distingue un titre, *Great Expectations* de Dickens. *Les Grandes Espérances*. Il a plu sur *Les Grandes Espérances* et le livre, un livre de poche, gondolé, ses pages collées, a la triste apparence des choses émergées d'un naufrage. Ce bout de trottoir est un endroit où il a toujours été d'usage de jeter chaises bancales, lampes, vieux bureaux, commodes aux tiroirs dispersés, planches à repasser, jouets, canards flottants, poupons sans bras, peluches, papiers, vêtements, godillots, rideaux troués, tapis usés, etc. (Peut-être un rappel du « marché des voleurs » qui se tenait autrefois East 8th Street, et où des habitants du quartier venaient racheter des objets chez eux dérobés). Une sorte d'institution. De même qu'à quelques mètres, au 2 Astor Place, existe en sous-sol un mythique salon de coiffure spécialiste des chevelures artistes et crânes déjantés, hérissements punks, crêtes iroquoises, sans exclure les ondulations sages.

Curieux, vraiment, où la pérennité va se loger ! Des rangées d'immeubles sont détruites, mais des niches improbables, où ont réussi à s'incruster un coiffeur, un videur de greniers, perdurent. Des images du passé, par éclats, surgissent, comme réfléchies par un miroir fêlé – un miroir qui aurait été jeté avec d'autres objets abandonnés. Pas vraiment des images, mais plutôt le rappel physique d'une passion, la trace réactivée d'une dynamique, combien marcher dans cette ville a pu m'occuper, être pour moi un motif d'existence suffisant. Non parce que j'étais la proie d'une idée fixe, mais au contraire parce que j'avais le sentiment de jouir d'une liberté merveilleuse, de savourer un luxe. Je repense à une vieille dame, d'allure bourgeoise, que j'avais rencontrée un jour d'automne à Lyon, dans le Parc de la Tête d'Or. Elle trottinait avec vigueur là où les feuilles mortes étaient les plus épaisses et s'amusait, du bout de ses bottines, à les soulever. En réponse à mon regard intrigué, elle s'était exclamée : « C'est mon luxe ! »

La passion me revient, le luxe de marcher pour marcher, de croiser des corps, des visages, de scruter des fenêtres, de déchiffrer au passage un titre de journal, un graffiti incendiaire, de saisir au vol un souffle d'air, une phrase, un geste étrange, un rire pour soi. Je marche dans une ville qui me fut familière. Autrefois me frôle. Mais c'est en reprenant le chemin de l'appartement, en marchant d'un pas de plus en plus vif dans East 9th Street, que soudain je réalise où je suis : East 9th Street ! La première rue où j'ai habité, il y a des années, lorsque cette île de Manhattan m'avait, d'une manière qui me reste encore mystérieuse, fait signe et que, sur le coup d'une pulsion aussi irrésistible qu'un amour naissant, je m'étais sentie forcée d'y retourner. C'est alors seulement, reprise par le rythme new-yorkais, par une hâte à la fois ardente et sans objet, qu'autrefois vraiment s'anime. Je n'ai qu'à me glisser dans le cercle de sa roue, dans la multiplication des jeunesses.

Marcheuse vers rien : ça ne retire pas leur nécessité aux tracés de mes errances.

2

Staten Island

J'adore voyager. J'ai même pu croire que c'était ma vocation : être emportée vers le but sans le mériter... Débarquer dans une ville, dans un pays inconnus. Demander mon chemin, par gestes, dans une langue étrangère. Ne pas comprendre, faire comme si, et continuer, certaine que, de toute manière et quelle que soit la direction, tout ce qui me tombait sous les yeux, tout ce qui advenait sur mon chemin, cailloux, personnes, récits, arbres, chansons, maisons, monnaies, fleurs, magasins, cafés, rochers, marchés, musiques, rivières, rivages, coquillages, monuments aux vivants et aux morts, brillait d'un éclat unique. L'éclat de la première fois. Pour que la magie opère, il n'est pas nécessaire de partir loin. Il suffit de dévier de la routine, de la petite route du quotidien, de se décaler par rapport aux horaires ordinaires, découvrir de nuit ce que l'on est habitué à fréquenter de jour, ou, à l'inverse, prendre le goût de l'aube, ou bien encore, tout simplement, changer de trottoir, sortir des sentiers battus, fendre le flot et aborder sur l'autre rive, entrer dans la musique de la vie et, sur son tempo, d'un pas amusé et tranchant, d'un pas décidé et dansant, s'accorder à la voix qui chante

She says, hey babe, take a walk on the wild side
Said, hey honey, take a walk on the wild side

De même que les fous de lecture se désespèrent à la pensée de l'infini des bibliothèques inexplorées, des milliers et milliers de livres que le temps limité de l'existence humaine leur interdit de lire, et que les libertins et libertines se rongent d'impuissance à la représentation des innombrables êtres de charme que les circonstances ne cessent d'offrir à leurs désirs alors qu'ils sont condamnés à faire un choix, les voyageurs dans l'âme se désolent de l'écart impossible à combler entre l'immensité du monde, son inépuisable richesse, et l'infime portion qu'ils auront réussi à en approcher. Est-ce de cette ambition d'exhaustivité que provient l'expression « faire un pays » ? Elle va souvent avec une liste : j'ai fait l'Indonésie, le Canada, Hong Kong, Tahiti, la Terre de Feu, la baie des Anges, la baie des Cochons, l'île de Pâques, l'île aux Oiseaux, la mer Morte, l'île au Trésor,

la Namibie pour ses safaris, l'Irlande pour ses pubs, l'Égypte pour le Nil, l'Andalousie pour ses flagellants, la France pour ses fromages, l'Allemagne pour ses cochonnailles, Athènes pour le Parthénon, Cuba par conviction, le Nord pour déprimer, le Zimbabwe pour les chutes Victoria, le Japon pour les geishas, la Syrie pour le jet-ski, l'Argentine pour un lifting, Khajurâho pour me branler, Lourdes pour expier, l'Afghanistan pour y rester. C'est fait, on barre et, si l'on est encore transportable, on passe à l'étape suivante.

Voyageuse, âme et corps, je l'étais ; plus exactement, *nous* l'étions. C'était une histoire à deux – une histoire entre Sandra et moi. Elle avait débuté au lycée, en classe de philo, par notre coup de foudre pour le roman de Kerouac, *Sur la route*. Nous avions été traversées de l'évidence que la seule façon de vraiment vivre était de laisser la route décider pour nous. La métaphysique d'Aristote me passait par-dessus les oreilles, celle de l'autostop, une discipline en plein essor, contenait des mines de sagesse en réserve. Aussitôt après le bac, nous avions fait nos sacs, puis direction l'Espagne avec le vague plan de poursuivre vers l'Afrique du Nord. Voyageuses, certes, nous l'étions mais sans esprit de conquête, sans désir de souvenirs, sans nous soucier même de visiter les pays où l'occasion nous portait. Leurs us et coutumes, leur folklore, leur histoire et leurs musées, on s'en battait l'œil. Notre excitation tenait à des sensations, à une route qui défilait, à des visions en éclair, ou à la répétition lancinante pendant des jours et des jours d'un paysage immuable. Traverser, regarder de tous ses yeux des images impossibles à fixer, et faire halte, à l'improviste, au hasard de la chance, ou de la malchance, selon le programme du conducteur. Sur le bord d'une autoroute (le pire), dans un hameau perdu (les habitants sortent sur le pas de leur porte pour regarder ces deux étrangères arpenter, l'air ravi, l'unique voie de terre battue), sur un port, au soleil couchant, prodige de calme et de lumière, et, le lendemain, pourquoi pas, nous prendrons un bateau vers une île, juste pour changer un peu de l'autostop, un peu pas trop, parce que c'est ça qui nous brûle. L'imprévisible de qui va stopper et pour combien de kilomètres. Tout est possible, entre le chauffeur de poids lourd qui se penche à la fenêtre pour vous crier : « Trop maigres ! », le père de famille jovial (quoique travaillé de fantasmes inavouables) qui s'arrête pour vous dire qu'il regrette mais il va seulement chercher du pain à la boulangerie du prochain village, et l'homme pressé, qui freine brutalement, vous demande où vous allez, si c'est sur sa route vous dit d'accord, et redémarre à fond de train. Parfois, l'homme pressé va loin, et il y va vite, alors nous profitons de l'aubaine. Sa destination devient la nôtre. Un boxeur autrichien nous fait remonter à bride abattue de Valencia à Vienne (où nous n'avions aucune intention de nous rendre), un diplomate américain nous « prend » sur un rythme musardant depuis Fès, au Maroc, jusqu'à la frontière de la Libye. Nous n'avons pas d'*a priori*. La lenteur aussi nous va bien. Au Portugal, un paysan nous propose de monter sur sa carriole à âne et nous apprenons avec lui les jours de marché et quel champ appartient à qui… L'autostop tel que nous le pratiquons, en esthètes du plaisir du risque et de la distance pour la distance (ou de la rare incongruité d'une distance proche de zéro), est un pari sur le « oui ». Tout est possible aussi une fois installées dans la voiture. C'est à nous d'orienter les propos vers des sujets anodins et de les y maintenir à tout prix. Sans craindre le banal et le consensuel. Et surtout, surtout, les détourner dès qu'ils glissent vers le sexe. Il n'est pas besoin que ce soit une allusion directe, déjà la question : « Vous n'avez pas peur, deux filles, de voyager seules ? » nous alerte. Au « oui » aveugle qui nous a jetées à la merci de n'importe quel automobiliste suit une vigilance extrême dans le dialogue. L'homme conduit son véhicule, nous conduisons la conversation. Car les mots mènent au geste. Mais les silences aussi. Certains silences. Selon cette manière de voyager, plutôt fugueuse que visiteuse, fiévreuse que studieuse, l'idée d'un retour sur les mêmes lieux ne pouvait pas nous toucher sérieusement. Nous l'évoquions seulement pour rendre romanesques, susceptibles d'un développement, des instants éblouis, un matin de mai sur une plage de Djerba, un bar à Amsterdam, une arrivée à Calcutta dans la dissolution d'une pluie de mousson, comme s'il était possible de passer du haïku au roman, sans détruire l'acuité du haïku,

l'arrêt sur l'émotion,

le vif,

l'inexpliqué.

L'amour de la route avait mille facettes. Nous adhérions en toute sérénité aux attentes en bord de routes, assises sur nos sacs, au pied d'un mur ou d'un arbre. Nous étions à la bonne hauteur, celle où tout sentiment d'urgence s'évapore. Nous aurions pu attendre à jamais, mais soudain une voiture stoppait. Alors on courait vers elle comme des folles, comme si notre vie en dépendait. Et ça aussi, c'était un moment parfait. Nous étions virtuoses dans l'art d'attendre, mais partir nous mettait toujours le cœur en fête.

Et puis, il y avait eu New York.

Nous revenions, Sandra et moi, d'un voyage au Pérou, dans le Nord, sur le fleuve Amazone et dans les Andes, sur des routes où la pratique de l'autostop, faute d'autos, s'était muée en camionstop. Des camions en direction d'un bourg ou d'une ville. Ils étaient rares, nous attendions quelquefois un jour ou plus, nous lisions l'un de nos deux livres, un volume d'Artaud, *Les Tarahumaras* et les *Lettres de Rodez* (cette carte postale d'Iquitos restée entre deux pages, une Indienne et un Indien Yagas debout sur un tronc d'arbre effondré dans la rivière), et *Tristes tropiques* de Lévi-Strauss, tout en lisant nous ne manquions pas de surveiller la route et quand le camion surgissait, nous faisions de grands gestes, désespoir et joie, et grimpions à l'arrière rejoindre la quinzaine d'Indiens qui y avaient pris place, et nous nous cramponnions au rebord du plateau, cahotées, assoiffées, les yeux presque douloureux de la splendeur des terres que nous découvrions, des ocres et des bruns, des bleus métalliques, que l'altitude révélait dans leur incandescence. Notre vol de retour à Paris, fin juillet, comprenait une escale de vingt-quatre heures à New York. Nous en avions profité, nous nous étions jetées sur la Grosse Pomme. Ou bien c'est elle qui nous était tombée dessus. Sur nous, je ne crois pas, mais sur moi, c'est sûr. Ce bref contact, à peine un contact, une fulguration, m'avait marquée.

Nous n'avions ni guide ni plan. Pas la moindre représentation de New York. Il faisait chaud. Nos sacs de marin sur l'épaule, suantes sous nos chapeaux péruviens de feutre noir, nous marchions dans un bain de vapeur. Nous étions à Manhattan, c'est tout ce que nous savions. En sortant d'un métro, nous nous sommes arrêtées dans un bar, en face d'un terrain où des hommes jouaient au basket-ball. Des types immenses. Des athlètes. Ils couraient et bondissaient, et celui qui envoyait le ballon dans le filet le faisait à chaque fois comme sans effort, du bout des doigts. Il se dégageait de ces joueurs, dans cette chaleur, un effet rafraîchissant. Une force, facile, naturelle. Dans le bar, une fille noire, ultramaquillée, habillée d'un short en satin blanc, et dont la haute taille était accentuée par ses talons aiguilles, est venue nous causer. Elle avait un port de reine, qu'une douce ébriété ne démentait en rien. Elle nous a félicitées pour nos chapeaux et pour les rubans jaune et rouge à la ceinture et au bas de nos jeans. Nous lui en avons offert qu'elle s'est noués dans les cheveux. Il était déjà tard, nous n'avions aucune idée pour la soirée. Comme d'habitude, nous étions sans projets. Elle nous a parlé de Staten Island comme d'une jolie excursion, gratuite, idéale pour une unique visite à New York. Elle avait raison, ce fut une merveille, à la nuit tombante, de prendre le bateau à South Ferry Terminal et de voir l'île de Manhattan, çà et là scintillante, s'éloigner doucement. Sur l'autre rive, la majorité des passagers n'ont abordé que pour la forme, ils ont aussitôt repris le ferry en sens inverse. Seuls ceux pour qui il s'agissait d'un trajet et non d'une excursion sont restés. Des hommes pour la plupart, des travailleurs pressés de rentrer chez eux. Sans réfléchir, nous leur avons emboîté le pas. Nous marchions entre des immeubles de plus en plus sinistres et puis, soudain, il n'y a plus eu personne, sauf quelques silhouettes furtives. C'était comme dans ces cauchemars où, alors que l'on a commencé à monter par un beau matin de printemps sur un chemin d'alpage, on s'est peu à peu, et sans comprendre comment, engagés sur un sentier escarpé et l'on est là à trébucher au milieu des ténèbres, non plus du tout en quête d'une charmante auberge mais se demandant d'où le tueur va surgir. On se croyait au pays de Heidi et c'était un film de Hitchcock. Nous avions renoncé à la charmante auberge, un hôtel, n'importe lequel, nous allait. Il en est apparu un, au nom en lettres de néon. Dans le hall mal éclairé des types traînaient, certains agglutinés devant un appareil à faire de la glace, d'autres assis à fumer sur des sofas miteux. L'homme de la réception avait le teint gris et la vieillesse d'avant l'âge de qui n'a pas connu une vraie nuit de sommeil depuis des décennies.

Il nous a tendu une clef en nous lorgnant. On a continué de sentir son regard dans notre dos et celui des autres types dans le hall, tous devenus silencieux. Nous nous sommes enfermées à double tour, et la fatigue nous a subjuguées. Ensuite, tout est resté confus dans ma mémoire, le réveil en sursaut, le cœur qui s'affole au bruit d'une clef qu'on cherche à introduire dans la serrure, des voix, des pas qui s'éloignent, reviennent, des présences d'hommes toutes proches, leurs efforts à nouveau pour forcer la porte. Nous étions serrées l'une contre l'autre, Sandra et moi, chacune habillée de la même longue chemise de nuit (qui pouvait être aussi une robe de jour) à grosses fleurs, turquoise la mienne, mauve la sienne. Nous les échangions régulièrement, comme tous nos habits. De même pour le langage. Nous nous repassions des tics verbaux, la manie des superlatifs (qui allait avec le goût des jugements à l'emporte-pièce et des affirmations indéfendables), un engouement passager pour certains verbes. Nous parlions pareil… Quelqu'un a donné un coup de pied contre la porte. Les pas se sont éloignés. Sandra, les mains tremblantes, a réussi à allumer une cigarette.

Sur le ferry, les gratte-ciel de Manhattan dans les premières lueurs de l'aube m'ont semblé la chose la plus belle du monde. Mes sens aiguisés par le spasme de terreur de la nuit passée, j'éprouvai devant cet échelonnement de pics séparés les uns des autres par de larges pans de ciel une sorte de foudroiement. Les tours du World Trade Center dominaient de très haut toutes les autres constructions, y compris l'Empire State Building et le Chrysler Building. Elles étaient seules alors avec leurs cent dix étages. C'est tout ce qu'elles semblaient avoir à dire, de leurs voix métalliques de jumelles conçues par calcul : « Nous sommes le World Trade Center, nous mesurons 417 mètres. » Aux yeux d'Allen Ginsberg, de retour d'un séjour en France, les verticales des gratte-ciel de New York évoquaient les cathédrales d'Europe (mais dans une musicalité américaine). Il écrit, fin juillet-début août 1958, à William Burroughs et à Gregory Corso restés à Paris : « Quand je suis arrivé, la ligne des toits était stupéfiante dans la brume – comme si tous les clochers, l'architecture et les cathédrales d'Europe étaient tous rassemblés sur une étagère et d'une hauteur plus massive – on a un sentiment d'éternité en regardant Manhattan d'un bateau qui arrive – les bâtiments ont l'air de jouer du jazz cosmique[2]. » À moi, l'île de Manhattan, comme légèrement posée sur une fine surface et capable de partir à la dérive, ne m'évoquait rien d'autre qu'elle-même. Elle me révélait l'absolu d'une vision, une beauté sans comparaison.

Appuyée contre la rambarde, dans le bruit des machines et le tournoiement des mouettes, avec à l'arrière le bouillonnement blanc de l'Atlantique, je m'abandonnais à la fascination. Une ville montagne pour qui a le démon de l'escalade, la passion de l'ascension, la fièvre de l'ambition ? Pour qui des défis tels que « À nous deux, Paris ! », « À nous deux, New York ! » ne sonnent pas ridicule ? Ou bien, au contraire, une ville gouffre pour savourer l'amère jouissance de chuter, d'explorer fissures et crevasses, en dégringolant toujours plus bas, effaré de découvrir que l'abîme est sans fond ? Car New York recélait peut-être, invisible dans ses profondeurs, autant d'inconnu qu'en promettaient les tours de ses gratte-ciel, et l'aventure véritable ne consistait pas à vouloir se mesurer à elle, mais à se laisser gagner par elle. Ville défi, ou ville vertige ? En ce matin tôt, après cette sale nuit sur une île à laquelle nous avions prêté à tort les grâces d'hospitalité d'une petite île grecque (dans notre naïveté nous étions passées de Manhattan à Staten Island comme de Paros à Antiparos), j'étais incapable de trancher. Je me contentais de considérer, debout, les yeux clignotants, mon chapeau du Pérou posé sur mon sac de marin entre mes pieds, les falaises de pierre qui se dressaient devant moi.

« Putain de ville ! » s'était exclamé le chauffeur de taxi haïtien, slalomant entre les nids-de-poule et klaxonnant sans arrêt pour que se fraie son chemin la vieille guimbarde jaune, son citron de taxi. J'eus une pensée pour ma mère, ma grand-mère et mon petit frère, tous les trois à Menton, dans la ville du citron, peut-être en train de déjeuner sur le balcon de ma grand-mère, au-dessus du jardin du Casino planté de rosiers et de citronniers, je l'entendais, elle, Eugénie, si douée pour le contentement, soupirer : « Comme je suis bien ici ! Quel bonheur de vivre dans un parfum de fleurs de citron ! »

Et, curieusement, car j'avais vécu une nuit d'enfer et je n'étais pas dans l'ivresse d'un parfum de fleurs de citron, la même phrase m'était venue aux lèvres : « Comme je suis bien ici ! » Ce, à l'instant où le chauffeur haïtien exilé de son île natale par la misère se garait juste à temps dans l'assourdissement des sirènes de voitures d'ambulance et de police. J'allais la dire à Sandra mais elle avait la mine anxieuse. Elle s'inquiétait de ne pas arriver à l'heure à l'aéroport pour notre vol de retour vers Paris.

3

Une fenêtre sur Central Park

J'étais revenue à New York le 24 juin 1976, dans cette ville en ruine, quelques jours après ma soutenance de thèse sur le marquis de Sade écrite sous la direction de Roland Barthes. Mon billet d'avion était glissé dans la chemise avec les quelques notes pour défendre mon projet. J'avais commencé mon exposé par la citation de Nietzsche: «On ne parle bien que de ce qui est achevé.» En réalité, de ce qui était achevé, je n'avais pas envie de parler, c'était vers ce qui n'avait pas encore eu lieu que j'étais tournée et que je sache ou non en parler ne me souciait pas… À New York, je n'avais pas d'hôtel où me loger. Alex, un étudiant américain rencontré dans un café des Halles, un être également fanatique de films de guerre et de poésie élisabéthaine, m'avait donné l'adresse d'une amie, juste pour me dépanner, il allait, m'avait-il promis, lui téléphoner.

Jodie travaillait dans une banque. Elle habitait à quelques *blocks* du Metropolitan Opera. Je ne sais pas si Alex avait oublié de la prévenir ou si elle-même avait oublié sa demande, mais elle a eu l'air surprise de me trouver devant la porte, ma valise à la main, confiante dans les ressources d'altruisme de la terre entière. Il y avait des gens chez elle, une musique de fond. J'ai prononcé le nom de notre ami commun, et expliqué que je n'avais pas d'endroit où dormir. Son visage s'est renfrogné, mais elle m'a laissée entrer, montré une chambre et, du bout des lèvres, m'a invitée, si le cœur m'en disait, à participer à une petite fête pour sa promotion. Mon cœur, excellent conseiller, m'avait tôt informée que si la vie est un festin rien ne permet de prévoir combien de temps pour nous la table sera encore mise et le plus exquis encore à notre portée. J'ai bu et mangé. Personne ne m'a posé de questions. Les gens se parlaient à voix raisonnable par petits groupes. Évaluaient-ils d'autres promotions à l'horizon, et qui, encore une fois, ne seraient pas la leur ? Des propos de bon ton, des sourires polis. Aucune excitation dans l'air ; seulement la dévastation de l'ennui, « ce cyclone *au ralenti* », comme le qualifie Cioran. L'appartement avait une vue sur Central Park. Un verre à la main, ivre de fatigue, j'ai découvert une immensité de verdure. Un morceau de nature que délimitait, à une extrémité, une rangée de tours, dont les créneaux

disparates m'ont fait rêver le Moyen Âge. Des fenêtres allumées, ou bien des étoiles, brillaient, tandis que tout en bas, au creux des bosquets et des vallons, s'agitait, parmi leurs troupeaux de millepattes, un peuple de gnomes et d'elfes, de lutins malins, de fées évanescentes. J'ai levé mon verre à leur santé et à la mienne, à mon arrivée à New York, à ma chance d'avoir pour la nuit gîte et boisson à volonté. Et à leur endurance à eux. À cette vie imperceptible que quelques touffes d'herbe et un peu de feuillage suffisaient à camoufler et dont les services d'immigration les plus paranoïaques n'avaient pas même notion.

Je me suis réveillée tard, dans un appartement nettoyé et rangé. Jodie avait dû partir à son travail. Elle ne m'avait laissé ni clef ni mot. J'avais bien mieux pour me faire une juste idée de la situation : sur une table à côté du lit était posée une photographie d'Alex. Il était torse nu, les hanches drapées dans une serviette de bain écarlate. Elle complétait le sex-appeal de sa musculeuse nudité. Mais le regard de ses beaux yeux bruns avait une expression butée et douloureuse. Un séducteur incapable de jouir de ses conquêtes. Un masochiste ignorant les moyens de se satisfaire. Un saint Sébastien sans ses flèches. J'avais la même photo dans mon bagage, avec la même dédicace amoureuse.

J'aurais voulu aller dans Central Park, reprendre contact avec les gnomes et les fées. Mais le poids de ma valise m'en dissuada.

J'ai pris le métro. Les wagons entièrement couverts de graffitis, à l'extérieur comme à l'intérieur, offraient à déchiffrer un inextricable entrelacs de figures et de lettres, de femmes et de diables, de monstres colorés, d'armes pointées, d'éclairs fixés. Les *straphangers*, les voyageurs debout dans le métro, suspendus aux courroies qui pendaient du plafond, ne semblaient pas les remarquer. J'ai fait comme eux. Je me suis concentrée sur ma prochaine destination.

4

Cynthia

Lorsque j'avais dit à Sandra que je partais vivre à New York, elle s'était retenue de pleurer, mais avait eu un soubresaut de sa main, alors posée sur la mienne. Celle-ci s'était détachée comme sous l'effet d'un réflexe nerveux. Depuis des jours, je me demandais comment le lui annoncer. Outre la souffrance que je redoutais de lui infliger et qui moi-même me taraudait, il y avait, pour m'engager à retarder les mots fatals, le fait qu'après tant d'années passées à nous forger un idiolecte à notre seul usage, c'était dans cette même langue, la langue de notre amour à jamais, que je devais lui déclarer mon départ. Une fois la chose dite, il n'y avait plus eu de sujets de conversation possibles. C'est plus tard, pendant que je bouclais ma valise, que Sandra m'avait écrit sur un bout de papier un nom et un numéro de téléphone. Une Américaine rencontrée dans le métro. Cette jeune femme, le temps de quelques stations, l'avait charmée. Cynthia rentrait le lendemain aux USA, mais Sandra peut-être viendrait bientôt à New York ? Sandra n'avait pas l'intention de bouger, moi si.

C'était le soir, il faisait encore chaud et clair. Je m'étais assise sur un banc de Washington Square Park, dans le coin réservé aux joueurs d'échecs. Il y avait quelque chose de calme et d'amical de ce côté du parc. J'y avais passé plusieurs heures. Je ressassais vaguement la question : « Où dormir la nuit prochaine ? » À fleur d'angoisse. Sans plus. La nuit ne me paraissait encore qu'une éventualité. Je voyais que pour certains, déjà installés dans le parc, le problème était résolu. Ils s'endormiraient là où ils étaient, sur un banc ou à même la pelouse. Mon bagage m'empêchait pareille insouciance. D'ailleurs, si j'étais bien avancée en métaphysique de l'autostop, j'étais nulle en celle de dormir à la belle étoile. Il me fallait un toit, même fragile et provisoire. J'avais remarqué à l'entrée d'une petite allée pavée aux demeures comme sorties d'un livre de contes pour enfants une jolie porte ovale, avec l'inscription « Maison française », cela m'avait semblé pour ma deuxième nuit new-yorkaise le refuge idéal. Mais en y regardant de plus près, c'était surtout de l'intellect que la Maison prenait soin. Pour le moment, ce n'était pas mon souci. Je n'avais pas pris l'avion pour venir entendre Tzvetan Todorov me livrer la formule structuraliste des *Liaisons*

dangereuses, ou Alain Robbe-Grillet m'énumérer les règles du Nouveau Roman. J'avais pris l'avion afin de me trouver là où j'étais. Exactement. Avec à côté de moi une femme en compagnie d'un magnifique perroquet blanc juché sur son épaule. Et, non loin, ces joueurs d'échecs parfaitement concentrés en dépit de la musique, du va-et-vient de multiples trafics, et de l'irruption inopinée d'un clochard céleste sous le coup d'une révélation. Il proclamait, retenant d'une main un large chapeau de paille cerclé de fleurs : « Dieu est Lumière. Il nous a ouvert la porte du paradis. Quittez les ténèbres ! Craignez l'enfer ! » Les joueurs faisaient la sourde oreille. Le prophète a bifurqué dans ma direction. Il m'a dit au passage : « Dieu vous appelle. » Sans aucun rapport, ses mots ont produit en moi un déclic. Je me suis soudain souvenue du papier de Sandra avec le numéro de téléphone, et de l'histoire de l'Américaine dans le métro.

La voix de Cynthia au téléphone était vive et enjouée. Elle m'a indiqué son adresse et offert l'hospitalité comme si elle m'attendait. Comme si je ne débarquais pas au XXe siècle, en étrangère à New York, mais me trouvais, plusieurs siècles plus tôt, pèlerine sur le chemin de Saint-Jacques-de-Compostelle et venais de frapper à la porte d'un couvent (la faune des esprits malins, invisible occupante des repaires de verdure, continuait-elle de me protéger ?). Cynthia habitait entre 2nd et 1st Avenue. « Tu te diriges vers l'est, m'a-t-elle dit. Vers l'East River, mais attention, tu t'arrêtes avant ! » J'ai empoigné ma valise, tourné le dos à l'ouest et à l'Hudson River, franchi la frontière marquée par Broadway. Dès Astor Place, comme par magie, les immeubles ont perdu de leur hauteur, les rues de leur largeur, prises dans une ombre accueillante. Les façades décorées de guirlandes ou de visages sculptés, barrées par les diagonales des escaliers de secours, étaient dotées d'une touche européenne, sans rappeler une ville ni un pays précis. Je me suis sentie complètement ailleurs et complètement chez moi.

L'immeuble de Cynthia, en briques rouges, à l'entrée étroite et à l'escalier à pic, m'a tout de suite été sympathique. Cynthia m'a ouvert sa porte, et c'était mieux que la porte du paradis. Elle m'a débarrassée de ma valise, offert un thé glacé et un joint (elle avait sa plantation de marijuana sur le balcon de l'escalier de secours). Je pouvais habiter chez elle tout l'été. Ça dépendait de mon programme. Je lui ai répondu, planante, serrant amoureusement un coussin indien brodé de perles, que non, je n'en avais aucun. J'ai vu que ma réponse lui faisait plaisir, comme j'avais fait plaisir à l'employé de l'immigration qui, m'ayant avertie qu'il me laissait entrer aux USA avec un visa touriste à condition que je m'engage à ne pas y chercher du travail, avait été sensible à la sincérité avec laquelle j'avais presque prêté serment de fuir comme la peste tout ce qui pouvait s'apparenter à un labeur rétribué.

Si l'immeuble de Cynthia m'avait plu, son appartement m'a enchantée. Situé côté cour, il donnait sur un enchevêtrement d'arbres qui avaient poussé d'eux-mêmes et créaient, d'une rangée de buildings à l'autre, une sorte de corridor arboré. Cet effet de jungle, dans le cas de l'appartement de Cynthia, était accentué par une accumulation de plantes qui transformait l'endroit en une étrange parenthèse de forêt vierge en plein cœur de New York. Elle avait une prédilection pour les plantes appelées *bad mother*, « mauvaise mère » (parce que, selon elle, leurs rejetons naissaient et s'épanouissaient séparés de la racine d'origine). L'appartement, rendu encore plus étriqué par l'envahissement des plantes, réservait tout juste assez de place pour une personne. Elle m'avait offert de le partager avec tant d'évidence et elle avait une manière si souple, si végétale, de s'y faufiler que j'eus l'impression d'avoir atterri dans l'espace le plus spacieux, et elle, Cynthia, avec ses cheveux qui lui tombaient au bas des reins, sa bouche petite, son extrême minceur et sa pâleur anémique, m'apparut comme un nouveau genre de beauté, que je n'arrivais pas à définir, jusqu'au jour où nous sommes allées ensemble aux Cloisters et devant l'extraordinaire tapisserie de la Dame à la licorne, je compris que c'était elle (je lui avais écrit un poème, que j'avais collé sur la porte du frigidaire : « Tu es la Dame et la licorne, et je me suis prise à ton rêve, dans la prairie brodée de fleurs. »)

Le lendemain matin, Cynthia m'a remis un trousseau de clefs. Elle m'a fourni plein d'explications, même si elle allait être en retard au travail. Pour l'appartement, pas de problème. Pour la boîte aux lettres, elle était vite remplie (je la rassurai, l'essentiel de mon courrier serait de ma mère et, ensemble, nous ne pratiquions que la carte postale) ; enfin, c'est avec la porte sur rue qu'il fallait faire gaffe. Je devais l'ouvrir, prestissimo, après m'être assurée que personne ne me suivait. « Si tu n'es pas assez rapide, le type s'engouffre avec toi dans le vestibule et alors là… » Elle a fait une vilaine grimace.

Elle était en retard mais elle ne put s'empêcher d'ajouter d'autres conseils et interdits : éviter de marcher sous les fenêtres d'un *welfare hotel* (un « hôtel social »), on peut recevoir une bouteille sur la tête ou n'importe quoi ; se méfier à la vue d'un homme dans une cabine téléphonique, il fait semblant de téléphoner, en réalité il est aux aguets pour un mauvais coup, *to mug you*, « pour t'agresser » ; avoir toujours, répartis dans plusieurs poches, « quelques dollars », *some mug-money*, de quoi satisfaire rapidement l'assaillant ; ne jamais traverser un parc ou tout espace non éclairé de nuit, ni le longer. Et, même de jour, ne pas s'aventurer du côté de Tompkins Square Park, pareil pour les terrains vagues, les allées sombres, enfin, et pour conclure sa leçon, elle me raconta l'agression de son meilleur ami. Il habitait la rue d'à côté, East 10th Street, le mec, un drogué, l'avait coincé dans le vestibule et blessé d'un cutter, juste au-dessous de l'œil.

– Quelle horreur !

– N'est-ce pas ? dit-elle en versant du lait de soja dans mon bol de céréales.

Elle avait un ton guilleret, tandis que la nuit de terreur à Staten Island me revenait et que j'hallucinais une image du film de Luis Buñuel, *Un chien andalou* : la lune coupée par un nuage, l'œil fendu au rasoir. Mais Cynthia, que toutes ces éventualités d'atrocités avaient mise en pleine forme, balaya ce début d'humeur craintive et revint aux choses pratiques. L'affaire des clefs était sérieuse. Il était d'une importance « vitale » de s'assurer qu'on n'était pas suivies *et* de ne pas passer des heures à ouvrir la porte du dehors. Je suis maladroite : ouvrir une porte si c'est un peu compliqué, un paquet, une boîte de conserve, une bouteille, est une épreuve pour moi. Je proposai à Cynthia de m'entraîner pendant la journée.

– Non, trop risqué ! Nous le ferons ensemble, ce soir. Ou mieux, demain. C'est le week-end, j'aurai tout mon temps.

Elle a lié le bout de sa tresse d'un élastique doré, nettoyé ses lunettes, mis ses affaires pour la journée (des livres, une pomme, les quelques feuilles de salade de son déjeuner) dans un sac à dos et elle est sortie en me recommandant de fermer le verrou derrière elle, sans oublier la chaîne de sécurité. J'ai tiré le rideau de la porte-fenêtre protégée d'une grille et donnant sur les arbres entre les buildings. La lumière d'été s'est répandue sur le plancher peint en blanc du living-room, sur les plantes, le gigantesque frigidaire, les livres de la bibliothèque, la table basse, et moi-même sur le sofa. Le reste de l'appartement ne recevait qu'une part réduite de la manne céleste. L'été le touchait certes, mais d'une façon un peu chiche. C'était normal puisqu'il était construit en enfilade. « Ça s'appelle un *railroad apartment* », m'avait appris Cynthia.

J'avais sauté dans le train, j'étais embarquée.

5

Little Ukraine

Mon image inaugurale de Manhattan vue du ferry de Staten Island comme la ville verticale par excellence, avec ses gratte-ciel engagés dans une compétition à se surpasser les uns les autres, cette multiplicité de parois de verre et de béton se profilant très haut sur le ciel, j'allais parfois à la tombée de la nuit la renouveler – sans plus faire la bêtise de rester dormir sur Staten Island. Je la trouvais toujours aussi sidérante, mais elle ne correspondait pas à ce que, de l'appartement d'East 9th Street, la ville me donnait à voir, à sentir. La mesure de ce quartier, qui faisait partie à l'origine du Lower East Side et ne se dénommait l'« East Village » que depuis le début des années 1960, était humaine. Ce n'était pas une hauteur à escalader mais des immeubles de cinq ou six étages alignés sur des petites rues, coupées de larges avenues. L'East Village avait commencé avec l'arrivée d'artistes, de bohèmes, en quête de logements moins chers qu'à Greenwich Village, le versant ouest, bordé par l'Hudson River et doté d'un passé bourgeois, artistique, élégant, alors que le côté est, bordé par l'East River, longtemps un terrain marécageux, abritait une population modeste d'ouvriers, de petits artisans, ou de pauvres gens subsistant difficilement, sinon même, comme dans le Bowery, dépourvus de tout, des clochards pour qui le « À nous deux, New York ! » s'était soldé par un fiasco. Les nouveaux arrivés, de la vague d'immigration des artistes, se comportaient, s'habillaient autrement, mais leur vie précaire, frôlant souvent l'indigence, s'accordait à l'économie ambiante.

L'euphorie que j'éprouvais dans l'appartement de Cynthia s'étendait aux rues alentour. Une clef dans mon sac, ma *mug money* répartie dans plusieurs poches, j'explorais les ressources du voisinage, je parcourais sans fin « mon » village. Il émanait de ses parkings, de ses jardins communautaires, de ses terrains vagues, une excitation d'espace ouvert, d'inachevé. Comme les herbes et les arbres qui y poussaient au hasard, l'East Village gardait un charme sauvage. C'était un quartier dangereux, un quartier de drogue, de braquages et de violences, d'exposition à nu de la misère, mais coexistant avec quelque chose de désuet, des moments de douceur, des pauses de respiration venus de temps anciens et d'une Europe lointaine.

Le matin sur les marches, devant les immeubles, les gens restaient assis une tasse de café à la main. Le soir, avides d'un peu de fraîcheur, ils reprenaient leur place. Des jeunes et des vieux, des hommes et des femmes. Les enfants jouaient au ballon dans les rues, se poursuivaient sur les trottoirs, autour des arbres. C'était pour la plupart des personnes venues de Pologne et d'Ukraine. Les Ukrainiens étaient majoritaires dans l'immeuble de Cynthia. Il s'agissait, dans leur cas, d'une émigration en deux phases. Une première, à la fin du XIXe siècle, pour fuir la famine ; une autre, après la Seconde Guerre mondiale, pour fuir le communisme. J'aimais bien, moi aussi, m'asseoir sur les marches de l'immeuble. Peu à peu, dans ces rues peu éclairées et sans autres magasins que quelques épiceries ouvertes nuit et jour, les visages s'estompaient, les paroles se raréfiaient, les enfants venaient se nicher entre les genoux de leurs mères, des femmes aux cheveux retenus par des foulards, aux gestes empreints d'une fatigue qu'aucun dimanche si long fût-il ne parviendrait à soulager. D'ailleurs, le dimanche, elles se levaient tôt. Accompagnées de leur mari en costume noir et chemise blanche, elles se rendaient à St. George Church, 30 East 7th Street (à côté de St. Stanislaus Church, 101 East 7th Street, érigée par la communauté polonaise). Elles écoutaient la messe du matin dite en ukrainien. Alanguies par le parfum des lis et le regard perdu dans les mosaïques dorées, elles s'autorisaient un infime glissement sur la pente de la volupté. Le propriétaire de l'appartement de Cynthia était d'origine ukrainienne. Lorsque nous le croisions, Cynthia et moi, elle mâchonnait des insultes à l'égard de ces salopards d'exploitants, ces koulaks bons à pendre, et elle me faisait à nouveau, avec une rage inapaisée, le récit de la grève des loyers maintenue les deux mois d'hiver les plus durs par les locataires de son immeuble. Sa pâleur et sa longue tresse, sa fragilité de Dame à la licorne m'avaient empêchée de deviner la pasionaria anarcho-syndicaliste qui couvait en elle et, au moindre prétexte, vitupérait. Des panneaux RENT STRIKE en lettres rouges étaient rangés dans le coin à aspirateur. Cynthia était bien décidée à les réutiliser au plus tôt. Au premier manquement de ces salauds de proprios. Justement, je crus en détecter un : l'invasion de cafards. Cynthia était d'une propreté maniaque. Malgré cela, dans l'évier du coin cuisine, sur le sol de la douche, les cafards circulaient à leur guise. Ils se détachaient contre le blanc impeccable de l'émail avec un méchant relief. Les cafards me donnaient la nausée.

– Tu devrais avertir ton propriétaire.

– Tu penses ! Tous les appartements de l'East Village ont des cafards. Et ce n'est pas seulement l'East Village. Une grève de loyer pour manifester contre les cafards toucherait tout New York !

Elle avait réfléchi. L'idée était tentante. Puis, retrouvant un sens de la réalité, elle avait conclu : « Non, il n'y a rien à faire. Il faut attendre l'exterminateur. » Et, effectivement, un jour, j'avais lu, affichée dans le couloir d'entrée de l'immeuble, l'annonce de son passage. Les cafards s'en moquaient. L'exterminateur, un employé de la ville, était l'instrument d'un fléau à répétition dont ils renaissaient toujours aussi coriaces dans leur passivité, leur absence de défense. Ils étaient la mémoire amorphe de New York, sa mémoire crasse, comme les elfes et lutins des grands parcs étaient sa mémoire magique, sa dimension shakespearienne.

Les cafards se moquaient-ils vraiment d'être exterminés ? Peut-être étaient-ils malades d'anxiété. Ils étaient devenus noirs à force de se faire un sang d'encre ; et, pendant leurs déambulations nocturnes, cherchaient à procurer un peu de mouvement à leur angoisse. Sous l'évier de la cuisine, dans la salle de bains, entre les lattes blanches du plancher, ils promenaient la fatalité d'être sans défense, promis à l'exterminateur. Ils étaient l'Innommable, et le savaient. À la fin du livre de Kafka, *La Métamorphose*, roman cauchemardesque de la transformation d'un jeune homme en un insecte répugnant, qui va devenir objet de honte et d'horreur pour ses parents et faire fuir leurs locataires, la femme de ménage déclare à la maîtresse de maison, mère de la bestiole : « Ben… répondit-elle, gênée pour parler tant elle affichait un grand sourire. Pour ce qui est de vous débarrasser de la chose d'à côté, ne vous faites pas de souci. C'est déjà réglé. » Soulagement de la famille, le père, la mère, la sœur, plus unis, mieux soudés par l'élimination de « la chose d'à côté ». Bien entendu, selon la logique de la liquidation, la mère, aussitôt reçue la nouvelle de la disparition tant souhaitée de son fils, renvoie la femme de ménage… Curieusement, dans ce *railroad apartment*, d'une nouveauté que je ne me lassais pas de savourer et où j'avais tant de plaisir à demeurer seule, à m'allonger sur le sofa, à écouter les oiseaux, Janis Joplin, Bob Dylan, Joan Baez, Lou Reed, The Velvet Underground, à m'occuper des plantes et à feuilleter les livres de Cynthia (lesquels étaient divisés en deux catégories : de discrets recueils de poèmes écrits par des femmes, de grosses thèses marxistes écrites par des hommes), à me servir du jus de cranberry ou de la citronnade du gigantesque frigo, c'est à *La Métamorphose* que je pensais, à l'ignominie d'être réduit à l'état de cafard ou de cancrelat faute de réussir à s'extraire du carcan de la famille, de la machine à supplice, qui vous inscrit en lettres de sang les motifs de votre culpabilité. Je pensais à *La Métamorphose* et non à *L'Amérique*. Ce qui aurait été plus probable. Kafka, en 1915, l'époque de la publication de *La Métamorphose*, se sent de plus en plus mal dans la double prison de l'appartement familial et de son emploi dans la compagnie d'assurances de son père. Il note dans son *Journal* : « Toujours cette angoisse essentielle : que ne suis-je parti en 1912, en pleine possession de toutes mes forces, avec une tête lucide, avant d'être rongé par les efforts que me coûte la répression de mes forces vives[3]. »

« J'ai échappé » me venait aux lèvres, comme ça, un simple soupir de libération.

Je parlai à Cynthia, dans mon anglais hésitant, de *La Métamorphose*, du lent pourrissement. Ça n'avait pas l'air de l'intéresser. Alors je lui citai, au rythme de la frappe de Jack Kerouac, ces mots du film *Pull My Daisy*, inspirés d'Allen Ginsberg : *What is holy ? Is baseball holy ? Is a cockroach holy ? Holy, Holy !* (« Qu'est-ce qui est sacré ? Le baseball est-il sacré ? Un cafard est-il sacré ? Sacré ! Sacré ! ») Je continuai en dansant, tandis que nous nous dirigions vers 3rd Avenue pour acheter des fleurs : *What is holy ? Is a flower holy ? Is dancing holy ? Holy ! Holy !*

Cynthia m'a interrompue.

– Kerouac était un affreux macho. Lui et toute sa bande. Quand je vois Ginsberg aller acheter son journal à Gem Spa, je change de trottoir.

– C'est vrai, mais si leurs écrits nous transportent, faut-il s'interdire de les lire ?

– Et comment !

La colère mettait une petite lueur dans ses yeux clairs. Elle allait me développer ses arguments, mais tout en marchant et nous chamaillant sur la Beat Generation nous étions arrivées chez le fleuriste, sa boutique ressemblait à l'appartement de Cynthia.

Dans le plein jour, les cafards étaient tapis. Ils réapparaissaient à la tombée de la nuit, lorsque les habitants du quartier, des travailleurs, allaient se coucher. C'était l'heure où Cynthia, revenue du bureau, douchée, habillée d'une salopette en jean, revigorée par un thé glacé et un léger sandwich d'*egg salad*, était prête pour entamer la seconde partie de la journée. Elle commençait par passer des coups de fil interminables (son énergie à téléphoner me laissait songeuse, moi qui n'avais jamais pu obtenir un téléphone dans mes habitations parisiennes), et puis un rendez-vous était arrangé, et nous allions à quelques *blocks* de chez elle, car presque tout se passait à l'intérieur de l'East Village, rendre visite à Maureen, Nancy, Lorna, Jessica, Carolyn ou Sybil. Des soirées sages, peu alcoolisées. Quelques-unes de ces femmes élevaient seules leurs enfants. Elles s'aidaient les unes les autres, se soutenaient dans l'absence des hommes qui les avaient abandonnées et qui, sur le modèle de Jack Kerouac justement, refusaient de payer une pension alimentaire. Elles se communiquaient la force de les oublier, de connaître d'autres amours, joyeuses celles-ci. Le simple fait d'entrer dans un appartement inconnu me passionnait, ça datait peut-être du temps de mon enfance, de cet étonnement que la maison de mes parents n'était qu'une forme possible d'habitat, non un absolu mais une variante. L'East Village ayant ramené la démesure de New York à un espace communautaire aisément parcourable, tous mes trajets se faisaient à pied, comme à Arcachon, la ville de mon premier regard. Et ils étaient sous-tendus par la même curiosité – des matières, des détails, des gens, des visages, des changements de ciels, des manières de parler. Une avidité du monde, à l'affût de toutes les épiphanies de son étrangeté. J'avais échappé au carcan de la familiarité, au pouvoir anesthésiant de la répétition. « Quand le soleil brille dans le ciel bleu et que tous les oiseaux chantent en français[4] », s'émerveillait Paul Claudel à l'un de ses retours en France. À l'inverse, autour de moi, perchés sur les arbres de l'East Village, les étourneaux chantaient en yiddish, en italien, en russe, en allemand, en ukrainien, en américain aussi, parfois, mais toujours avec un fort accent, et seulement quand ils avaient à se communiquer une nouvelle d'intérêt collectif. Ce qui ne se produisait presque jamais.

6

Du Katmandou à Bonnie and Clyde's

La vraie rupture dans la suite des jours, c'est avec l'arrivée du week-end qu'elle avait lieu. Alors que les week-ends pour moi à Paris ne présentaient rien de spécial, sauf le plaisir mieux protégé de rester au lit à lire une partie de la journée ou d'aller voir un film des Marx Brothers tard dans un cinéma du Quartier latin (mais cela, en fait, j'en avais le privilège toute la semaine), je découvrais la force explosive, la fureur de consommation et de dépense, la fièvre d'oubli du week-end américain. On claque en deux jours ce qu'on vient de gagner en une semaine, on se jette comme un fou dans l'illusion d'avoir avec ces quarante-huit heures de liberté toute la vie devant soi et toutes les possibilités de la réinventer, toutes les chances de rencontrer la femme ou l'homme de son idéal, on se noie dans la fête et l'alcool. Il y a, à l'orée du week-end américain, une incroyable puissance de rêve (non contradictoire avec une spectaculaire énergie de récurage et nettoyage : on fait table rase, on repart à zéro). Comment l'aventure s'achève-t-elle ? Pas bien en général, et ce serait une vraie histoire à creuser, une mine modeste mais sûre pour explorer la mentalité d'un peuple. Jack Kerouac (de son nom d'origine Jean-Louis Lebris de Kérouac), qui s'adonnait sans modération à la folie du week-end, mettant à se soûler de paroles et d'alcool à Manhattan avec ses amis la même quantité d'énergie que celle qu'il appliquait durant la semaine dans la maison de sa mère à Long Island pour faire avancer son roman, notait : « Personne n'a encore compris consciemment la signification formidable des week-ends en Amérique, depuis l'arrogance vestimentaire du samedi soir avec ses millions de prémonitions de triomphe et de bonheur jusqu'à la sombre soirée du dimanche avec sa douce solitude terrifiée[5]. »

Et d'abord, puisqu'il est accordé de jouir d'une éternité d'oisiveté, pourquoi ne pas s'offrir le luxe d'un brunch gargantuesque, se délecter de moelleux pancakes et d'*eggs benedict* accompagnés d'un cocktail, un mimosa ou un bloody mary, qui vous mettent déjà dans de bonnes dispositions ? J'avais découvert le zombie, un cocktail venu de Hollywood dans les années 1930. Son inventeur, le célèbre Donn Beach, avait fait circuler l'anecdote à l'origine du nom de son cocktail, à savoir qu'il l'avait créé dans le but de remettre d'aplomb un client souffrant d'une gueule de

ELLE

bois, et que celui-ci, anéanti par le breuvage, s'était plaint d'avoir été transformé en zombie ! Donn Beach avait diffusé l'historiette mais avait gardé secrète la composition exacte du cocktail. D'où, à chaque fois, même si l'on est sûr de goûter un mélange de divers rhums, de cognac, de sirop de grenadine et de plusieurs jus de fruits, comme papaye, fruit de la passion, orange, citron, etc., quelques différences sensibles. Elles font partie du zombie, de son identité insituable. Tout en dégustant cet énorme brunch, qu'allégeaient, dans mon idée, les parfums fruités de mon zombie, je commençais de parcourir *The New York Times* du week-end, une somme à peine transportable (et que nous adorions, Cynthia et moi, étaler sur le sol peint en blanc de l'appartement ; nous parcourions, pieds nus, les nouvelles du monde). Cynthia allait à la section politique et me passait *Arts & Leisure*. Munie de mon dictionnaire de poche, j'étais saisie de la minutie studieuse qui m'animait au lycée face à une version grecque d'Euripide ou de Xénophon. J'allais mettre des jours à venir à bout d'un programme de divertissements, devenu périmé le temps que j'en sois pleinement informée. De toute façon, Cynthia avait d'autres projets.

À vrai dire, la frénésie, l'arrogance vestimentaire, le pas triomphal du repos bien mérité s'annonçaient dès le vendredi soir. À peine le temps de se changer, de se dépouiller de son uniforme de travail et de l'état d'esprit adapté, et l'on court rejoindre au bar, à la boîte disco, au cinéma, la personne que l'on aime, ou celle dont on rêve, celle que l'on voudrait aimer et qui nous aimerait d'un pareil amour.

Cynthia et moi, nous nous préparions avec soin. Elle dénouait sa tresse, et ses longs cheveux nimbaient son visage d'un volume aérien. Elle gardait le même jean mais remplaçait son tee-shirt par une chemise indienne à encolure brodée et échancrure profonde sur ses seins de jeune fille. Je peignais une ligne brune sur ses paupières, elle entourait mes yeux d'un trait de crayon bleu. Je me colorais les lèvres d'un « rose rafale », elle voulait les siennes violettes. Ce qui la dotait d'une charmante touche de vampirisme. Fin prêtes, nous dévalions l'escalier et passions en coup de vent entre nos voisins assis sur les marches, et qui assistaient au spectacle du vendredi soir, à l'absurde ruée des noctambules en partance, à ces grappes d'inconscients capables de troquer leur avenir contre un fantasme de frissons.

Avec la même spontanéité qui lui avait fait m'ouvrir sa porte, Cynthia avait voulu me faire partager ses lieux favoris, mais comme elle était à tendance obsessionnelle, il s'agissait plutôt *d'un* lieu, la boîte lesbienne Bonnie and Clyde's, 82 West 3rd Street. L'un des premiers et des plus célèbres bars de femmes.

Les autres, Foxy Lady, The Dutchess, ou La Femme, n'existaient pas à ses yeux. Pourquoi, je ne m'interrogeais pas. Je m'abandonnais à elle. De son côté, mon innocence ravivait son énergie, lui faisait éprouver un regain d'intérêt pour son mode de vie auquel je m'associais passionnément, tant il ne faisait qu'un avec mon apprentissage de l'East Village.

La première fois, le premier week-end où Cynthia m'initia à Bonnie and Clyde's, il avait fait une chaleur étouffante et la nuit s'annonçait aussi chaude. Comme si la chaleur montait de la terre, stagnait dans l'air. Et que le soleil soit ou non visible n'y changeait rien. J'étais émue d'entrer dans cette boîte. L'expérience ne m'était pas complètement étrangère. J'étais déjà allée à Paris, après le séminaire de Roland Barthes et le dîner qui parfois suivait avec lui et quelques étudiants, dans une boîte pour femmes. Les « garçons » allaient finir la soirée au Sept, rue Sainte-Anne, tandis qu'avec des amies nous allions au Katmandou, 21, rue du Vieux-Colombier. Dans les minutes où, examinées par la portière de la discothèque, nous attendions son bon vouloir, j'étais prise d'anxiété. Je me sentais au bord de la transgression, à l'instant où le geste est sur le point de s'effectuer. J'allais franchir une enceinte sacrée, pénétrer dans un temple hérité de Sappho. J'allais découvrir la beauté des femmes entre elles. Des femmes se regardant et se désirant hors du regard masculin (certains hommes étaient admis, mais il leur était interdit d'aborder des femmes), hors de la perpétuelle reprise du jugement de Pâris chargé d'attribuer, entre les trois déesses Héra, Athéna, Aphrodite, la pomme à la plus belle. Une scène sans cesse recommencée. Elle dote les hommes d'une supériorité originelle et plonge les femmes, chacune frénétique de l'envie d'être l'Élue, dans la rivalité. Ici, dans cet îlot à part, était enfin dissipée la pulsion ou l'obligation d'attente qui, dans tous les bals du monde, plaçait les filles en position servile et les transformait, au fur et à mesure que la soirée avançait et que diminuait leur chance d'avoir un cavalier, en mendiantes. Le spectre de la solitude toujours en train de rôder dans les parages torturait les malheureuses, lesquelles, cruellement vissées à leur chaise mais le visage souriant, éprouvaient le supplice de « faire tapisserie » (*to be a wallflower*, dit l'anglais dans un esprit proche). Elles s'épuisaient à continuer de sourire, tandis que leur avenir, de bal en bal et de printemps en printemps, s'effilochait. Les mêmes gentilles et obéissantes qui brodaient sous la surveillance de leur mère un trousseau parfait. Des vierges aux doigts de fée, sans doute, mais surtout des laissées-pour-compte qui bientôt deviendraient des fardeaux. Un jour, après ses vingt-cinq ans, après le fatal couperet de la Sainte-Catherine, la jeune fille désormais qualifiée de « vieille fille » renoncerait à l'espoir.

Elle pourrait faire une croix sur tous les bals à venir. Son trousseau serait remisé sur la plus haute étagère d'une armoire et, pendant les mornes soirées, il ne lui resterait plus qu'à s'abîmer les yeux en brodant une interminable tapisserie. Broderie, barbarie…

Au Katmandou, même après avoir été approuvée par l'œil de la portière, il me semblait continuer de franchir des lignes de partage, traverser des rideaux, beaucoup de soie et de velours, avant de déboucher dans le bar, son éclairage subtil, sa brillance intime, où des femmes, seules ou en couple, buvaient un verre, conversaient, s'observaient. Des femmes entre elles, soucieuses d'élégance, dont certaines, mannequins, stylistes ou travaillant dans la mode, avaient des tenues recherchées. En vérité, chaque femme au Katmandou rayonnait à mes yeux d'un supplément de charme. La personnalité de la propriétaire, la singulière Elula Perrin, ex-professeur d'histoire et écrivaine, avait son influence. Assise à une table, je regardais danser mes compagnes, j'étais excitée par le spectacle et par l'idée de briser un interdit. Troublées par la vision de femmes en train de se caresser, de s'embrasser, nous n'en débattions pas moins avec fièvre sur Lacan, Deleuze, Bataille. Ou plutôt, notre émoi ne faisait pas vraiment la différence. L'éclat du concept me rendait plus sensible à la douceur des lèvres. Je me levais pour danser un slow, les yeux clos, joue contre joue, je laissais le désir me gagner, et s'il se muait en ravissement, alors c'était le ravissement de Lol V. Stein. À travers les musiques les plus différentes, celle, lente et mélodique, mystérieuse et réfléchie, des livres et des films de Marguerite Duras traversait mes nuits. Et, même lorsque je dansais sur une chanson de Paul Anka ou de David Bowie, la voix de Delphine Seyrig n'était pas loin. Le Katmandou vous branchait sur un fantasme d'exotisme, sur le vertige d'un ailleurs (et réciproquement, lorsque je suis allée au Népal avec un ami, le souvenir de mes nuits au Katmandou ajouta un cachet particulier à ce voyage, le piquant du secret).

– Alors, tu viens ?

Cynthia interrompit ma songerie tandis que j'étais plantée devant la façade rouge sang de Bonnie and Clyde's. Sur le trottoir des groupes de femmes en majorité noires étaient dans des discussions véhémentes. Cynthia a reconnu l'une d'elles et m'a laissée à ma contemplation, laquelle s'est changée en sidération quand, aussitôt passé l'examen d'entrée, je me suis sentie propulsée sur la piste de danse. Je fus prise dans une tempête, emportée par une force des corps, un mélange de heurts et de fusions, seins, ventres, hanches, parfums et sueurs… Plus tard, l'impression de maelstrom, le sentiment d'être embrassée, étreinte, enlevée par une géante multidimensionnelle s'atténuerait. Je reprendrais quelque peu mes esprits et j'explorerais le bar, le restaurant à l'étage, The Tenth of Always, la salle de billard, et je comprendrais pourquoi Cynthia ne fréquentait que cette boîte. C'était un geste politique, ça faisait partie de son militantisme. Une soirée à Bonnie and Clyde's était pour les homosexuelles politiquement actives qui constituaient une partie des habituées (et dont certaines avaient commencé de militer avec les Daughters of Bilitis, les « Filles de Bilitis », un nom qui me ravissait) une manière joyeuse d'enchaîner sur un meeting à la Gay Activists Alliance. Elles avaient encore en tête des résolutions de manifestations à Washington ou à Boston, des dénonciations de violences policières dans la prison des Tombs contre les homosexuels, d'actes de discrimination antilesbienne dans les lieux de travail. Leur rage ne serait jamais à la hauteur d'un long passé de servitude et d'effacement. Elles abordaient la nuit avec l'envie d'en découdre. Elles feraient exploser le monde des couturières appliquées et des brodeuses-nées.

Chacune dansait comme pour soi, mais quand Tina Turner scandait « Rolling on the River » et que nous nous balancions à son rythme, alors nous ne formions qu'une seule femme. Et quand Joan Baez chantait : « *We shall overcome* » et que nous reprenions en chœur, nous y mettions la violence d'un combat. À pleine voix, bras levés, tête renversée, nous pulvérisions la peur d'y succomber.

Le Katmandou vous branchait sur l'échappée d'un ailleurs. Bonnie and Clyde's sur un combat.

7

La vie fictive d'Andy Warhol

Dans l'un comme dans l'autre, à Paris comme à New York, se jouait et se rejouait le drame millénaire entre d'heureuses expectatives et le retour à la réalité. Qu'il se produisît dans des clubs réservés aux femmes y changeait-il quelque chose ? La solitude y prenait-elle une couleur différente ? Je crois que oui, et peut-être même, parfois, des teintes plus sombres, mais sur un fond d'audace assumée, avec la conscience d'un dépassement de soi, d'une signature personnelle dans l'épopée de ses amours, quand bien même celle-ci tarderait à prendre forme. Nina Bouraoui écrit de ses soirées au « Kat », qu'elle découvre à l'âge de dix-huit ans : « Au bar, assise, j'attends, c'est triste, j'accepte cette tristesse car, dans ce lieu qui ne me plaît pas, je cherche quelque chose. Les mêmes chansons passent et repassent, rien ne varie de soir en soir, cela m'évoque la mort. Je regarde les femmes danser entre elles, seule ma solitude me choque[6]. » Lisant sur Internet des témoignages sur les soirées à Bonnie and Clyde's, je suis arrêtée par celui de Peggy Shaw, actrice et auteure qui le fréquentait dans les années 1970 :

> Je me souviens du premier bar lesbien dans lequel j'ai mis les pieds. Je n'avais jamais vu de femmes danser le slow ensemble. Je n'avais jamais vu… J'avais vu des drag-queens dans des bars à Boston, mais je n'avais jamais vraiment vu ce genre de couple intense et magnifique, avec une femme butch et une autre féminine. C'était très beau. […] C'était tellement à l'opposé de la culture ambiante. C'était vraiment assez effrayant. Du coup on se mettait à boire beaucoup et vite. On buvait. On claquait beaucoup d'argent dans les bars. Vous voyez l'idée, on trimait toute la semaine, et le vendredi soir on allait à Bonnie and Clyde's dans la 3e Rue, dans le West Village, une boîte incroyable. Je ne sais pas si vous avez déjà entendu parler de Bonnie and Clyde's. C'était surtout un bar pour femmes noires. Beaucoup de postures, une table de billard, beaucoup d'alcool. Je crois que je suis restée collée au mur avec une bière à la main pendant à peu près cinq ans. Ce n'était pas vraiment un endroit qui incitait à la conversation.

Une accro du vendredi soir, une acharnée à trouver l'amour. J'ai peut-être bu des bières debout contre le mur à ses côtés et échangé avec elle des mots d'ivresse, des mots aussitôt prononcés que néantisés par la musique ambiante. Alors nous nous contentions de nous sourire. Et puis je me détournais, impatiente de retrouver Cynthia, ses cheveux qui bougeaient dans tous les sens, caressaient au passage le visage des filles, ses cheveux comme des lianes.

Beaucoup plus tard, lorsque j'aurais perdu la timidité de la nouvelle venue sans avoir pris le regard blasé de l'habituée, il m'arriverait d'apercevoir Andy Warhol. Il considère en spectateur et en esthète cette orgie d'énergies féminines, ce disparate de Noires, de Blanches, de bourgeoises, de prolétaires, de danseuses, de travestis, d'ouvrières, d'étudiantes, de *butches*, de transgenres, de drag-queens, ces femmes qui veulent faire plus hommes que les hommes, ces hommes qui veulent faire plus femmes que les femmes. Il boit une coupe de Dom Pérignon, au Tenth of Always. C'est là qu'il a rencontré Candy Darling (successivement Hope Slattery, Hope Dahl, Candy Dahl, Candy Cane… née James Lawrence Slattery à Forest Hills dans Queens, d'un père alcoolique et violent). Un soir de l'année 1967. Andy Warhol a trente-neuf ans, il est au comble du succès. Candy Darling en a vingt-trois, elle est serveuse dans ce club et y fait un numéro de danse, aux heures glauques de l'aube. Elle se produit aussi avec le jeune Robert De Niro au Bastiano's Cellar Studio, sur Waverly Place, dans *Glamour, Glory and Gold*, une pièce écrite par son amie Jackie Curtis, travesti aux traits de masculinité aussi marqués qu'ils sont absents chez Candy Darling, et figure célèbre de l'East Village, son quartier d'origine. Andy Warhol va la voir. Sa première impression du Tenth of Always est confirmée : Candy Darling étincelle, elle le ravit. Sa silhouette, ses traits fins, ses grands yeux noirs, son teint lisse, sa suprême élégance, sa beauté d'artifice tout droit sortie d'un film de Hollywood en noir et blanc. Elle jouera dans ses films, posera pour lui, avec lui. Il la fera entrer pour de vrai dans un monde de *Glamour, Glory and Gold*. Pour de vrai dans un monde dont il sait qu'il est faux, qu'il fonctionne et s'impose comme une marque de publicité, pour de vrai dans la musique du Velvet Underground et dans « Candy Says », la chanson de Lou Reed écrite pour elle, et qu'il chante de sa voix mate, dense d'une tristesse très ancienne et d'une rage à peine contenue :

Candy says, I've come to hate my body
And all that it requires in this world
Candy says, I'd like to know completely
What others so discretely talk about

Une chanson que Candy elle-même a plaisir à chanter. Et c'est tout en chantonnant «*I've come to hate my body*» qu'elle enfile des bas de soie sur ses longues jambes soigneusement épilées.

Exactement un an après leur rencontre au Tenth of Always, Andy Warhol et Candy Darling sont photographiés ensemble. Elle a une magnifique perruque de longs cheveux bruns, il porte une de ses perruques argentées, teintes de ses propres mains. Candy Darling est habillée d'une robe de voile qui moule sa silhouette élancée. Ses yeux noirs bordés de longs cils raidis de mascara fixent l'objectif. Elle ne sourit pas. À côté d'elle, Andy Warhol, la peau abîmée, d'une blondeur blême, a quelque chose de tremblé. Il émane de lui un effet de présence inquiétante, comme en partie gommée. Lui non plus, il ne sourit pas. Et on le comprend. Sous son pull rayé, son buste est saccagé, couturé de cicatrices. La moindre caresse lui est insupportable. C'est qu'entre-temps, entre sa première rencontre avec Candy Darling et cette photographie, il a été victime d'une tentative de meurtre. Le 3 juin, Valerie Solanas, une jeune femme qui apparaît dans un de ses films et que toute une jeunesse de viols, de misère et de prostitution a conduite à une haine radicale des hommes, se présente à la Factory, 33 Union Square West, et tire sur Andy Warhol. Son motif : il a perdu la pièce de théâtre qu'elle lui avait envoyée, *Up Your Ass*, et a pris, selon elle, trop de contrôle sur sa vie. Valerie Solanas est aussi l'auteure du *SCUM Manifesto.* Elle y affirme : « Vivre dans cette société, c'est au mieux y mourir d'ennui. Rien dans cette société ne concerne les femmes. Alors, à toutes celles qui ont un brin de civisme, le sens des responsabilités et celui de la rigolade, il ne reste qu'à renverser le gouvernement, en finir avec l'argent, instaurer l'automation à tous les niveaux et supprimer le sexe masculin[7]. » En visant Andy Warhol, Valerie Solanas obéit à sa logique et commence d'exécuter son programme d'élimination. Deux jours plus tard, le 5 juin, peu après minuit, Robert Kennedy est assassiné. Peut-être, dans sa prison, Valerie Solanas se réjouit-elle que l'extermination des mâles soit en bonne voie. Valerie Solanas a tiré trois fois. Elle a manqué deux fois sa cible, mais, à la troisième, la balle atteint Andy Warhol au poumon, à l'œsophage, à la rate, au foie et à l'estomac. Déclaré cliniquement mort, celui-ci survit. Miraculeusement. Est-ce grâce aux prières de sa mère, Julia, fervente adepte du culte byzantin, adoratrice d'icônes et attentive à orner de médailles religieuses les sous-vêtements de son fils chéri, ou bien grâce au chirurgien qui lui a massé le cœur, son cœur qui avait cessé de battre ? En tout cas, il traverse la mort. Un miracle, mais un miracle triste : Andy Warhol, loin d'exulter d'avoir échappé au pays des ombres, sera hanté par le fait d'être déjà mort. Il assistera à ce surcroît d'existence comme à un film dont il connaît trop bien la fin et qu'il trouve ennuyeux, lorsqu'il oublie l'horreur de devoir *à nouveau* mourir. Et c'est la mort qu'il promène avec lui, quand il passe, seul ou avec des amis, au Tenth of Always. Sans Candy Darling, morte à vingt-neuf ans de la leucémie. Et, elle, définitivement.

Peter Hujar a photographié Candy Darling sur son lit de mort. Elle est étonnante de présence, d'intensité. Elle a l'air vivante. À l'inverse, les innombrables photos d'Andy Warhol nous livrent un visage sans autre expression qu'une lointaine lueur de terreur.

Pour moi, j'apercevais Andy Warhol de loin, de très loin. J'évitais de croiser ses yeux de mort-vivant. Car il était celui qui pouvait dire, tel le personnage de la nouvelle d'Edgar Allan Poe *La Vérité sur le cas de M. Valdemar* : « Je suis mort. »

Il était mort, mais il possédait le singulier privilège de pouvoir l'exprimer.

Il était mort, mais il avait encore le loisir de songer à une épitaphe, de penser à ce que soit inscrit sur sa pierre tombale ce seul mot : « Fiction. »

8

L'histoire orale du monde

Elle n'a pas tort, la voisine de silence, la continuatrice de l'attente d'amour, qui, se rappelant ses nuits de jeunesse à Bonnie and Clyde's, évoque un climat d'excitation éperdue, l'affolement de se trouver au centre d'un tourbillon à la fois de désirs et de tâtonnements dans la manifestation de ces désirs – et aussi, je l'avais oublié, mais c'était, en effet, des soirées coûteuses. Les femmes y dépensaient une bonne partie de leur paye. Elles ne s'y arrêtaient pas, puisque l'esprit du week-end et celui du potlatch s'accordent. Moi non plus. Je tendais gaiement dollar sur dollar à la barmaid, comme si j'étais superriche – ce qui était faux; comme si le carrousel des fêtes ne devait pas finir – et ça, c'était vrai.

Il n'y avait pas que les soirées où nous dansions et d'où nous revenions, au petit matin, volubiles et fourbues, avec dans nos sacs des tracts de la Gay Activists Alliance que Cynthia glissait dans les boîtes aux lettres des locataires de l'immeuble avant de prendre l'escalier raide conduisant à notre sixième étage. Cynthia, un peu ivre, chantonnait « *Out of the closet and into the street* », non sans se retourner pour être sûre qu'aucun agent du FBI n'était à ses trousses (l'infiltration des meetings par des espions du FBI était un thème obsessionnel de Cynthia et de ses « sœurs », et ce n'était pas pure imagination de leur part, surtout à l'époque de J. Edgar Hoover qui se faisait lire des comptes rendus afin d'y découvrir les noms des militants coupables de l'identifier comme homosexuel). Il existait d'autres façons, nocturnes, de vivre les prémonitions de triomphe du week-end et de parcourir l'éventail de leurs chances de réalisation jusqu'à la butée du dimanche soir. C'était d'aller à une *party*, laquelle menait à une autre, et ainsi de suite. Selon Andy Warhol que son état de mort-vivant n'empêchait pas de courir de fête en fête, bien au contraire : « Il y avait toujours une *party* quelque part. S'il n'y avait pas une *party* dans une cave, il y en avait une sur un toit ; s'il n'y avait pas de *party* dans un métro, il y en avait une dans un bus ; s'il n'y en avait pas sur un bateau, il y en avait une dans la statue de la Liberté. » « All Tomorrow's Parties », « Toutes les fêtes de demain », du Velvet Underground, écrite par Lou Reed et chantée par Nico, est une de ses chansons favorites.

Cynthia avait peu de goût pour le mouvement perpétuel des *parties*, pour leur va-et-vient indifférencié, ou pour l'énergie absurde – juste pour la beauté de l'instant - qui s'y dépensait. C'était ce qui m'attirait. Le plus souvent, je ne disposais que d'une adresse. Dès que j'avais mis un pied dans l'immeuble, il me suffisait de m'orienter à la musique. Arrivée à l'étage, la porte était entrouverte, j'entrais. Ensuite le scénario variait peu. Une foule se pressait dans un espace en général minuscule. L'étroit couloir d'un *railroad apartment* était engorgé de filles et de garçons riant fort, criant, un verre ou une canette de bière à la main. Sur la baignoire, au milieu de l'appartement, était posée une planche. Elle faisait office de desserte. Des alcools, des verres en plastique, des assiettes en carton, blanches, multicolores, en forme de fleur (elles me rappelaient les poupées à découper de mon enfance), et, bien sûr, la nourriture de circonstance : les lamelles de légumes crus, les portions de fromage aseptisé, les *deviled eggs* (sorte d'œufs mimosa). Je repérais tout de suite les *deviled eggs*, leur jaune d'or parsemé de rouge paprika. Une assiette de ces délices festifs à la main, je me faufilais entre les groupes, saisissais au passage quelques mots des conversations, je me les répétais pour moi-même. Je savourais leur étrangeté, les combinais dans une phrase et puis je jouais à aborder quelqu'un avec cet échantillon de non-sens tout juste fabriqué. Lorsque la soif se faisait à nouveau sentir, je m'esquivais vers la baignoire-bar, et le circuit indécis reprenait. Ou bien je me lassais de cette *party* et me laissais emporter, à quelques *blocks*, vers un autre appartement tout aussi envahi. Tout aussi inconnu et peuplé d'inconnus.

La première impression à ma nuit d'arrivée, cet effet d'avoir débarqué dans une fête où je ne connaissais personne, où personne ne me connaissait et où cela n'avait aucune espèce d'importance, ne cessait de se reproduire. Cet air d'indifférence, qui alors m'avait étonnée, me paraissait normal maintenant et même sympathique. Cela me plaisait de pouvoir circuler aussi facilement et que le « chez-soi » qui, en Europe, est indissociable d'une notion d'enracinement et de fermeture eût ici peu de réalité. J'entendais encore le bruit des volets claqués, les soirs d'hiver, dans les rues vides d'Arcachon et, associée à ce bruit, la vision rapide des bras d'une femme aussitôt aspirée par l'intérieur de son chez-soi. Et me revenait en même temps le visage de ma mère, victime de l'un de ces revirements d'humeur dont elle était la proie quand j'étais enfant, sa tristesse soudaine à la pensée qu'il allait bientôt lui falloir, à elle aussi, fermer les volets. J'avais atterri dans un pays sans volets, et où le « chez-soi» (*home*) n'est pas lié à une continuité de générations. Il se déplace avec vous et s'origine à l'endroit où vous venez de poser vos bagages. Un pays des mobile homes. Dans quelques années, quand j'irais habiter au Colorado, à Boulder, puis en Arizona, à Tucson, c'est à ce côté positif d'une liberté sans ancrage que je serais sensible. Non l'angoisse d'un «Où vivre?», mais la faculté des Américains à déménager, à recommencer.

Pas de volets ni de fenêtres s'ouvrant à deux battants, mais des fenêtres dites «à la guillotine», coulissant vers le haut, et sur le relief de bois médian desquelles s'alignaient parfois des pots de jasmin, de fougère, de lierre… J'avais une tendresse pour ces rangées de plantes. Elles me faisaient oublier le terme de «guillotine» et les images de têtes coupées qu'il appelle à sa suite. Les délicatesses jardinières étaient courantes, elles n'étaient pas constantes. Elles impliquaient de la part des occupants du lieu un minimum de stabilité.

La plupart du temps, j'ignorais chez qui se donnait la *party*. Impossible de distinguer la sédentarité, même provisoire, d'un hôte parmi tous ces agités de passage. D'ailleurs, je ne me posais pas la question.

Pour naviguer d'une *party* à une autre, le bruit de la musique, des voix était un bon fil conducteur. À de rares exceptions près, comme cette nuit baptisée par moi la « nuit du chiffreur emmuré ». Saisie d'une irrésistible impression d'affinités, j'avais suivi trois inconnus qui, au milieu d'une *party*, m'avaient dit :

– Tu dois faire la connaissance de Jason, un type extraordinaire, un génie.

– Et si on y allait tout de suite ? avait proposé l'un d'eux.

L'évidence même. Nous nous étions mis en route tous les quatre. Nous avions longé Tompkins Square Park. Et maintenant pénétrions dans un immeuble condamné. Nous montions dans les ténèbres, en faisant gaffe à ne pas déraper sur des canettes de bière ou pire. Des chiens ont aboyé.

– Tu crois qu'il est là, Jason ?

– Sûr, répondit un de mes compagnons du moment, et il va être content de nous voir.

Nous nous sommes trompés d'étage, avons entrevu des restes d'appartements complètement délabrés, dans certains des gens dormaient. Enfin, nous étions au bon étage, devant la bonne porte. De l'extérieur, on n'entend que des sons ténus. Dans la pièce à peine éclairée de quelques bougies piquées dans des bouteilles, un jeune homme est en train d'écrire des chiffres sur les murs, il chuchote au fur et à mesure. Son téléphone, le seul « meuble » de la pièce avec un matelas et un siège de voiture, est également couvert de chiffres. Le fil est arraché. Nous nous affalons sur le matelas, un des garçons sort une bouteille de vin, un joint circule. Notre « hôte » ne cesse d'écrire sur les murs une suite de chiffres qui n'en finit pas. Parfois, il nous fait un petit signe, nous encourage à nous mettre à l'aise. À l'aise, je ne le suis pas. Il fait étouffant dans cette pièce, l'artiste en chiffres, torse nu, est en sueur. Je me lève, une bougie à la main, pour regarder de plus près les murs noircis de ses pattes de mouche. J'aimerais découvrir une phrase, une seule. Je me sens mal. Je voudrais partir. « Il fait encore nuit, me dit-on. Aucun taxi ne rôde par ici. Même la police ne s'aventure pas dans Alphabet City. »

C'était dans Alphabet City, me disais-je, dans la très mince portion de la ville désignée non par des chiffres mais par des lettres, qu'il fallait que sévisse ce chiffreur ! Et comment allions-nous savoir que c'était le matin, puisqu'aucun jour ne passait par les ouvertures obstruées ?

Par une aube spongieuse nous avons abandonné Jason à sa pratique frénétique. Nous avons traversé les avenues C et B pour arriver à Tompkins Square Park, alors confondu avec un terrain où balancer les ordures. C'était vrai aussi pour des cours d'immeubles, des allées. Les habitants jetaient par les fenêtres. Ils ajoutaient leurs détritus à des montagnes de gravats, des empilements de bouts de bois, de châssis, de vitres brisées, disséminés parmi des buildings en ruine, dont ne subsistait parfois qu'une ossature calcinée.

– On dirait un paysage de guerre !

– C'est une guerre, m'a rétorqué l'un de mes compagnons. Une guerre contre les pauvres. Une guerre contre ceux qui arrivent ici les mains vides, se tuent à construire l'Empire américain et meurent aussi misérables qu'ils sont arrivés. L'ennemi, c'est le dollar. Le billet vert décide de tout. Il est le seul maître de ce pays. Le reste, la morale, la religion : des éléments décoratifs pour rendre le bagne tolérable !

Il montra son poing au ciel.

Nous sommes allés prendre le breakfast à Leshko's. Les vapeurs venant de la cuisine accentuaient l'effet sauna de cette matinée. Le camarade parlait fort, mimait les affrontements de 1874 ici, dans Tompkins Square Park, entre les ouvriers et la police. En ce temps-là, criait-il, une ambulance mettait des heures pour parvenir jusqu'au taudis où un malheureux était en train de crever. Il prenait à témoin l'assistance, un mélange de fêtards et de lève-tôt.

« Ta gueule », a dit sobrement un travailleur sur le point de commencer sa journée.

J'ai terminé mes œufs, ai demandé une autre tasse de café, bien qu'il fût si mauvais, mais c'était son seul avantage, on pouvait en redemander en quantité, l'inverse d'un *caffè ristretto*, et m'en suis allée de mon côté.

La grisaille s'était dissipée, noyée dans une brume traversée de lumière, je marchais d'un pas vif vers l'appartement de Cynthia. Elle me manquait tout à coup et je m'en suis voulu de m'adonner ainsi à l'addiction des *parties*. J'essayai de me formuler ce qui m'arrivait afin de le lui expliquer (et qu'elle me pardonne) et je ne pus me représenter que les vagues de l'Océan et le bonheur de s'y jeter, de se laisser envelopper, rouler par elles, heureuse d'être dépassée, entraînée par une énergie étrangère.

Car, en arrivant dans l'East Village et en plongeant dans son atmosphère de *parties*, je n'avais fait que me fondre dans un mouvement, une sorte de carrousel ou de cirque, pas toujours brillant mais acharné à poursuivre. Il durait depuis une vingtaine d'années, depuis les années 1950, et qui mieux que Herbert Huncke, reconnu par Allen Ginsberg et William Burroughs comme un conteur incomparable (et un dealeur plutôt fiable), pourrait nous en dire les débuts ?

À cette époque, le Lower East Side n'était considéré que comme un ghetto où les immigrants juifs pauvres avaient été forcés de s'installer. Dernièrement, cependant, les gens du West Village découvraient à ce qu'il semblait que les loyers étaient considérablement moins chers dans l'East Side et certains s'installaient dans le quartier. À eux tous, ils ont fini par créer ce qu'on s'est mis depuis à appeler l'East Village [...]. C'était le début de la « scène » du Lower East Side. Ce genre de tableaux se produisait constamment. C'était incroyable. Supposons que je frappe soudain à votre porte : vous ouvrez et vous me trouvez avec environ sept personnes. Nous entrons tous, fermons la porte, et vous vous efforcez de jouer les hôtes jusqu'à ce que vous découvriez enfin que ça n'a aucun sens. « Salut, mec, comment tu t'appelles ? Mike ? Content de faire ta connaissance, Mike. Tu peux t'installer dans le coin, là. Qu'est-ce que tu fais, tu peins ? Il y a plein de peintures. Tu joues de la trompette ? Super, on va faire un bœuf. » [...] Après, le résultat, c'est qu'au moment de partir personne n'avait envie de décamper[8].

Vous attendiez une personne, il en débarquait une dizaine. Vous pensiez qu'elles allaient rester une soirée, elles s'incrustaient. Mais vous, rien ne vous interdisait de transporter vos pénates chez quelqu'un d'autre. Les dieux domestiques de ces années, et au-delà, ne rechignaient pas au nomadisme.

Au sortir d'un séjour en prison (il est un voleur récidiviste, autant pour satisfaire à ses besoins de camé que par une curiosité perverse), Herbert Huncke habite quelques mois dans l'immeuble d'Allen Ginsberg, 170 East 2nd Street. Puis, après le départ de Ginsberg pour un voyage au Chili au printemps 1961, il déménage avec des copains dans un local situé sur East 6th Street.

Nous avions tout l'étage pour nous. Apparemment, c'était autrefois un entrepôt, et les propriétaires de l'immeuble avaient converti le rez-de-chaussée en magasin, avec un bureau devant, et loué les deux autres étages. Assez curieusement, l'endroit était protégé par la police. C'était marrant parce que bon Dieu, quand on pense aux scènes qui se sont déroulées là-bas[9]. […]

Herbert Huncke, celui qui fit découvrir à William Burroughs, qu'il prit d'abord pour un policier ou un agent du FBI, les vertus de l'héroïne (commentaire de ce dernier : « Eh bien, ça fait un sacré effet », suivi de : « Eh bien, c'est très intéressant »), celui aussi qui révéla à Jack Kerouac la puissance du mot *Beat* au sens de « battu », « défait », « misérable ». Un être étrange. Quelqu'un qui, né dans une famille bourgeoise du Massachusetts, grandit à Chicago et fit sa première fugue à l'âge de douze ans sans motif particulier, juste pour voir. Il recommença à l'adolescence et, cette fois, sans retour. Un homme raffiné et soucieux de son élégance, mais aussi un passionné de toutes les déviances, un doué de la chute. Et c'est sans doute ce qui le dotait de la capacité de s'en sortir même au plus profond de ses phases de déchéance, lorsque, par exemple, il dormait dehors en plein hiver aux alentours de Times Square, malade, sale, sanguinolent, irregardable. Et de s'en sortir seul, puisque dans la mesure où pour lui cette descente dans les enfers de la drogue et dans les sphères sordides du vol était un libre choix, il refusait d'être soigné ou pris en charge par des services publics. S'en sortir pour mieux replonger. Une aventure au dénouement joliment immoral : alors qu'il a multiplié les moyens de se détruire, abusé de toutes les drogues, connu la rue, la prison, l'hôpital psychiatrique, Herbert Huncke vivra jusqu'à l'âge de quatre-vingt-un ans et sera logé dans une chambre du Chelsea Hotel grâce à l'anonyme générosité d'un bienfaiteur, le guitariste Jerry Garcia du groupe rock californien The Grateful Dead, qui lui-même fréquentait le Chelsea Hotel lors de ses passages à New York.

Boire et parler comme des fous, fumer, échanger des noms de gens, de livres, de films, évoquer Rome, Venise, Paris, Istanbul, Katmandou, Mykonos, Casablanca, Lima, des bons trucs, des hôtels qui ne coûtent rien, noter des numéros de téléphone, et parfois s'appeler, se donner rendez-vous, aller dans d'autres immeubles, aux mêmes entrées étriquées, aux sols inégaux, barreaux aux fenêtres et, dans la chambre, le matelas sur le sol, les affiches, les mantras, les tapis afghans, les murmures, les soupirs...

Battre des records de paroles folles, dix, vingt, cinquante heures sans s'arrêter, ou encore plus, comme ceux

who talked continuously seventy hours from park to pad to bar to
Bellevue to museum to the Brooklyn Bridge,
a lost battalion of platonic conversationalists jumping down
the stoops off fire escapes off windowsills off Empire State
out of the moon,

qui parlèrent sans discontinuer pendant soixante-dix heures du
parc à la piaule au bar à l'asile au musée au pont de Brooklyn,
un bataillon perdu de platoniques maniaques du dialogue
sautant les pentes en bas des escaliers de secours en bas des
rebords de fenêtres en bas de l'Empire State Building hors
de la lune[10].

Se dilapider en paroles véhémentes ou tendres, poétiques, politiques, lancer des formules, inventer des proverbes, niquer la logique et la morale, être génial le temps d'une fin de nuit, avoir des intuitions, des éclairs, des visions, dont il ne restera pour personne, soi-même compris, aucune trace. Pas d'importance!... Mais on peut aussi, le lendemain, le déplorer. D'où l'idée formidable qui, pendant des années, anima Joe Gould, tantôt dandy, tantôt clochard, ou les deux à la fois, un des plus célèbres poètes vagabonds du quartier: «J'ai la folie des grandeurs, aimait-il dire. Je me prends pour Joe Gould.» Celui-ci, aussi appelé professeur Seagull, professeur Mouette, pour son talent à imiter le cri de cet oiseau (comme il possédait une vraie maîtrise de la langue mouette, il avait entrepris des traductions de poèmes: *scrii-iik, scrii-iik...*), voulait noter au fur et à mesure toutes les paroles échangées autour de lui, au gré de ses déambulations d'un bar à l'autre. Il nourrissait le projet d'écrire l'histoire orale du monde. Un travail d'envergure! C'est ce que pensaient ses amis, une bande de bavards survoltés, un bataillon hagard de délirants maniaques du dialogue. Ils stipulaient, échafaudaient des hypothèses, tout en lorgnant le cartable que le professeur Seagull portait partout avec lui. Et ils ont été stupéfaits, le 18 août 1957, à la mort du professeur, de ne rien trouver dans sa chambre d'hôpital de Long

Island, rien non plus dans le chaos de sa misérable chambre du Bowery. Ou quasi rien. Ils avaient rêvé des milliers de pages riches de leurs brillantes élucubrations. Au lieu de la pile de volumes attendus, quelques feuillets raturés et froissés. C'était peut-être encore trop pour le professeur Seagull, badaud dans l'âme et grand lecteur de Baudelaire, comme lui solitaire et comme lui défenseur des droits de s'en aller et de se contredire. Régulièrement quelqu'un lui opposait : « L'histoire orale du monde une fois écrite, à supposer que ce fût possible, ne sera plus orale. » « D'accord, répondait le professeur, c'est l'évidence mais ça ne m'empêchera pas de l'écrire. » Ou bien il ne répondait pas, poussait son cri et s'envolait, son cartable à la main. Mais d'autres fois, et ça le prenait à l'improviste, il se sentait poignardé par la folie de son entreprise. Alors il déchirait ses feuillets, buvait à mort, et sanglotait comme un enfant. Il en était quitte pour une gueule de bois carabinée et oubliait ce qui venait de l'anéantir, mais lui reviendrait l'insoutenable pensée, la terrible lucidité qu'en cherchant à fixer le flot ininterrompu des milliards de parleurs du monde, il ne cherchait rien de moins qu'à arrêter le Temps.

9

Une *party* au Chelsea Hotel

Aller d'une *party* à une autre me faisait naviguer à l'intérieur d'un *block* d'immeubles, d'un quartier, de la ville.

Je découvris le Chelsea. J'avais seulement une adresse en poche : 222 West 23rd Street, un numéro de chambre, et peu d'idées préalables à propos de ce lieu mythique. Tout continuait de m'advenir comme j'avais toujours voyagé, sans plan ni programme, au hasard des rencontres, dans l'instant. En pénétrant dans le *lobby*, à l'éclairage glauque, aux tapis râpés, mais où subsistaient les traces d'un ancien grand hôtel, j'ai tout de suite été gagnée par une sensation de romanesque – ce que tout hôtel produit en moi, mais là c'était à un degré particulier. J'entrais dans un hôtel sous le signe de l'excentricité, où se croisaient des gens de fortunes et d'âges divers, où cohabitaient des résidents (certains incrustés depuis des années) et des clients passagers.

L'amalgame de tableaux, sculptures, marionnettes qui vous accueillait dans le hall, vous accompagnait le long de l'escalier, aux étages, avait mission de vous avertir : vous entrez dans un lieu où chacun est artiste. Par essence, ou par contiguïté.

Un matin, au café, mon voisin de table m'avait dit : « Il y a ce soir une *party* au Chelsea, chez un Allemand, je crois. Un philosophe, ou un photographe, je ne sais plus. Un type célèbre, en tout cas. Et, au Chelsea, ça vaut toujours le coup. » Il était surpris que je ne connaisse pas le Chelsea. « L'incontournable en matière de *parties*. Un hôtel peuplé d'extravagants. Tu croises des types en costume de soirée, des filles dans leurs déchirures punks, des gens en robe de chambre, un peintre qui expose dans le *lobby* et veut à tout prix te fourguer une de ses toiles… Difficile de dire où la *party* commence, où elle se termine, ni quand… On passe d'une chambre à l'autre, on apporte des bouteilles de la *party* précédente que l'on dépose directement dans le frigidaire d'à côté. Au plus loin, on change d'étage. Il n'y a que le septième qui est exclu du circuit des fêtards. Tout le monde sait que c'est l'étage où habite Harry Smith, le cinéaste d'avant-garde, passionné de jazz, chamane, le plus grand collectionneur au monde de jeux de ficelle, d'œufs de Pâques ukrainiens, de disques de musique folk américaine, d'avions

en papier et de textiles des Séminoles, ce peuple amérindien. Il règne dans sa chambre une odeur épouvantable, non à cause de ses films ou de ses collections, tous inodores, mais à cause des cérémonies vaudoues. Harry Smith, grand prêtre, y égorge des poulets. Les murs sont tachés de sang, et encore pire – et c'est ça qui horrifie les femmes de ménage et les empêche de mettre un pied à l'étage : il se dit que Harry Smith tient enfermé un zombie dans un placard du couloir. Il s'appelle Paul, le zombie. Paul a une réputation de zombie gentil et plutôt serviable. Mais il peut aussi bien envoyer un coup de pied dans la porte de son placard et faire irruption, hirsute, ensanglanté, dans le couloir. Mais ça, l'existence de Paul, on n'en parle qu'à voix basse, chacun préfère, d'accord avec Stanley Bard, le propriétaire de l'hôtel, ne pas répandre le bruit. Tu comprends ? » Je comprenais. Cette discrétion partagée sur un danger, ce consensus prudent pour se garder d'un carnage, j'en avais fait moi-même l'expérience. J'étais assise dans le métro. Je lisais. Au départ le wagon était plein, quand j'ai levé les yeux de mon livre, il était presque vide. Je ne m'étais pas aperçue du mouvement discret, mais rapide, des passagers vers le wagon suivant. Nous n'étions plus que trois, enfin quatre, en comptant l'homme debout à une extrémité du wagon, un revolver à la main. Il le tenait au bout du bras, pointé vers le sol. Ce fut long, très long d'attendre la station suivante pour m'éclipser, comme si de rien n'était.

L'inconnu du café n'était pas venu à la *party*. Entre le matin et le soir, mille choses peuvent bousculer vos projets... L'appartement de l'Allemand, une suite, était très grand, encombré de meubles anciens et de décors de théâtre, sans doute abandonnés par le client précédent. Je m'y promenais avec l'impression d'aller et venir dans les coulisses d'un théâtre. Et c'était bien le cas : la *party* avait lieu dans les coulisses, sur la scène se déroulait un épisode qui nous demeurait caché. En effet, tout le long de la soirée notre hôte était resté enfermé dans sa chambre, tandis que, dans la salle de séjour, la danse, l'ivresse et la gaieté allaient bon train. Régulièrement, une jeune femme s'introduisait dans la chambre. Au retour, elle nous demandait de baisser le ton. « Chut ! Moins de bruit, s'il vous plaît ! Hans est au téléphone : il divorce. » Nous arrêtions la musique, faisions silence, sensibles à la gravité de la situation. Et la *party* reprenait, à un rythme encore plus endiablé. Derrière la porte, un homme était décidé à rompre et le disait tout haut. Plutôt, il essayait de le dire. Et, semblait-il, n'y parvenait pas. L'expression accablée de la jeune femme qui allait de plus en plus souvent aux nouvelles nous le confirmait. Après une ou deux heures, elle n'eut plus le cœur de nous dire de baisser la musique, comme si ça n'y changerait rien de toute façon. En allemand, le verbe venant en dernier dans une phrase, il faut attendre sa fin pour avoir la signification. Peut-être était-ce l'impossibilité de prononcer le verbe « divorcer » qui l'amenait à étirer indéfiniment sa phrase. Sans s'embarrasser de considérations grammaticales, la jeune femme a perdu patience, elle est encore une fois entrée dans la chambre, s'est dirigée vers l'homme assis sur le lit, son téléphone à la main. Elle l'a traité de lâche, de dégonflé, et l'a frappé. Après quoi, elle est revenue dans le living, a monté la musique d'un cran et s'est mise à danser toute seule, en tapant très fort le sol de ses chaussures. Moi, ça m'a attristée et je m'en suis allée traîner dans les couloirs, avec l'espoir d'une *party* plus insouciante… L'Allemand pourtant avait choisi le bon endroit pour vouloir changer de vie. Le Chelsea Hotel était peuplé de gens qui ne craignaient pas les aléas de l'existence. Ils les provoquaient, allaient au-devant. C'étaient des gens de toutes sortes, leurs cœurs bougeaient comme leurs portes… Je pensais à Arthur Miller, Thomas Wolfe, William Burroughs, Patti Smith et Robert Mapplethorpe, Sam Shepard.

Ils changeaient de vie comme de chemise, parfois même quittaient la vie avec la même désinvolture. Au jour du 9 novembre 1953, Dylan Thomas déclarait : « *I've had 18 straight whiskies. I think that's the record*», «J'ai bu 18 whiskys secs. Je pense que c'est le record.» C'était le jour de sa mort.

Patti Smith et Robert Mapplethorpe avaient habité la chambre 1017, avant de déménager chambre 204, à côté de la dernière chambre occupée par Dylan Thomas, celle où il avait proféré ces fameux derniers mots, une bouteille d'Old Grand-Dad à la main.

Les chambres, cette nuit-là, étaient calmes. Paul le Zombie sommeillait dans son placard et Harry Smith, son maître, devait se livrer à des activités silencieuses, comme enregistrer les sons du Chelsea Hotel. Nul bruit de fête derrière les portes, en dehors de celle que j'avais quittée. J'entendis des voix d'enfants, une télé, un air de Verdi.

Il pleuvait quand j'avais quitté le Chelsea Hotel, en même temps que deux autres personnes croisées chez l'Allemand invisible, cette pluie chaude qui sans nullement rafraîchir se déverse parfois l'été sur la ville, de grosses gouttes, à seaux, c'est formidablement jouissif, son effet immédiat est que les gens se mettent à courir en riant, heureux de cette douche bénie en train de les inonder, il pleuvait donc, et en me retournant j'avais vu des habitants de l'hôtel se précipiter sur leur balcon et tendre leurs bras nus vers l'averse. Des femmes se renversaient en arc, sur les balustrades en ferronnerie, les cheveux dans le vide, bouche ouverte pour avaler l'eau du ciel (il pleut pareil, cet après-midi. Je sors de Strand, la librairie magique, ouverte tous les jours de 9 h. 30 à 22 h. 30 – près de trente kilomètres de livres, annonce la publicité. Je viens d'acheter *M Train* de Patti Smith. Sur East 12th Street, à l'angle avec Broadway, un jeune homme habillé tout en noir, dans un style XIXe siècle adapté ni à l'époque ni à la saison, redingote à larges revers, gilet, chemise blanche, pantalon serré et bottines, est appuyé contre un mur, un livre à la main. Il est tellement absorbé dans sa lecture qu'il ne se rend pas compte que le toit sous lequel il a pris abri est trop étroit pour le protéger. Il a posé à ses pieds deux valises et un sac déjà passablement trempés. Un panneau écrit à la main porte ces mots : « J'ai besoin de 1 000 dollars pour acheter une voiture »).

Je cheminais l'esprit tout allumé d'avoir passé une soirée au Chelsea Hotel, en plus pour une *Divorce party* – nettement plus chic qu'une *Birthday party*, une *Christmas party*, ou même une *Halloween party*.

I remember you well in the Chelsea Hotel
You were talking so brave and so sweet
Giving me head on the unmade bed
While the limousines wait in the street.

Those were the reasons, that was New York,
We were running for the money and the flesh.

La chanson de Leonard Cohen pour Janis Joplin me donnait des frissons d'amour.

Je cheminais moyennement droit, même si je m'efforçais de garder le cap et, croyais-je, y réussissais, fière conviction que des embardées soudaines mettaient à mal. Mais l'équilibre se rétablissait. Et, sous cette pluie torrentielle, qui pourrait noter que je progressais en zigzag ? Certainement pas mes compagnons, eux non plus pas nets. Nous étions au niveau d'Union Square (justement à deux pas de Strand). Les deux hommes étaient dans une conversation dont la gravité, sur le moment, m'échappait :

– J'écris sur les occurrences d'essuie-glaces dans la littérature.

– Ça vous interdit pas mal de siècles, au temps des diligences, par exemple…

– Même à l'époque de l'automobile, croyez-moi, les notations sur les essuie-glaces sont restreintes. Sans les romans policiers j'aurais un corpus inexistant. Mais bon, c'est mon choix. C'est aussi ce qui, selon mon directeur de thèse, fait l'originalité de ma recherche. Et vous, vous écrivez sur quoi ?

– Je n'écris pas sur. Pas même sur moi. Je *suis* poète.

Je suis poète. Une déclaration que j'entendais sans arrêt ; un aveu d'une sereine certitude, d'une gravité fatale, d'une portée diabolique, mais toujours proféré sur un ton d'évidence. Ils sont poètes, ça ne se discute pas. Et que ce fût dans les bars, sur Washington Square Park, dans ces appartements enfumés où je passais, bruissait quelque part le crépitement d'une machine à écrire, la mitraille d'un langage qui vous cueille au vol, vous surprend, puisqu'il est né de la rencontre entre la sensibilité inouïe du poète et le réel. Une convulsion de tous les sens, une déflagration de beauté, telle qu'il arrive que le poète, effrayé d'un pouvoir qui le met en communication avec des forces primitives, cesse d'écrire, comme s'il allait être lui-même calciné par les incendies de l'âme que ses mots déclenchent. Il est l'instrument d'une magie dont les effets le dépassent. Et dans une société banale, prosaïque, une société à la moralité mesquine mais aux besoins matériels immenses, le poète, avec ses ressources de voyance et d'invocation et ce don étrange de voir en même temps qu'il les prononce la couleur des lettres, est condamné à une solitude extrême. Le poète de cette nuit-là, le poète d'un retour de *Divorce party* au Chelsea Hotel, un grand type osseux plutôt laid mais que la conscience de son génie, en le libérant de ce genre de souci, empêchait aussi les autres de s'y arrêter, un poète insensible aux torrents de pluie, un être qu'on aurait dit imperméable, dégoisait tout son soûl sur la langue poétique. Qu'il n'eût d'autres oreilles à sa portée qu'un crétin de thésard (assez nul pour choisir comme objet d'étude les essuie-glaces sans être capable de posséder une voiture) et qu'une Française complètement larguée n'entravait pas sa fougue oratoire. Union Square était peuplé de SDF. Leurs cabanes en carton réduites en bouillie, ils subissaient à découvert les trombes, et n'étaient pas spécialement disponibles pour écouter causer un poète.

Mes semelles clapotant dans cet univers en voie de liquéfaction produisaient un bruit de succion. Ça me donnait envie de rire.

10

La révélation Rimbaud

À Paris, d'où je venais, et plus précisément du séminaire de Roland Barthes – mais c'était une attitude qui excédait les limites d'une salle d'étude ou d'une ville, quelque chose de profondément inscrit dans la mentalité française –, il en fallait *beaucoup* et, surtout, il en fallait *longtemps* pour se déclarer écrivain. Un jeune homme, une jeune fille s'annonçant comme poètes ou romanciers provoquaient sourires et sarcasmes. Cela ne se disait pas, ou alors en murmures inaudibles, avec rougeurs et contorsions de vraie ou fausse honte (à l'université sévissait, sévit toujours, l'expression : *« commettre* un écrit »). Cela ne se disait pas et, au fond, cela ne se faisait pas. On pouvait rêver d'être écrivain, disserter sur le geste d'écrire, mais de là à franchir le pas, à s'autoriser le passage, selon la formule barthésienne, de l'*« écrivance »* à l'« écriture », il y avait un abîme. Songeant à sa jeunesse, Allen

Ginsberg avait confié à un journaliste, un soir d'août 1972, dans son appartement du Lower East Side : « Nous nous rebellions contre l'abus universitaire des lettres, mais nous sommes allés rencontrer les maîtres vivants pour la technique, l'information et l'inspiration. » À Paterson, la petite ville du New Jersey où il a grandi, il entre en contact avec William Carlos Williams, l'auteur du grand poème polyphonique *Paterson*, également sa ville. Durant son séjour à Paris, avec Peter Orlovsky, Gregory Corso, William Burroughs, il tient à aller voir Céline dans sa banlieue de Meudon et à rencontrer Marcel Duchamp. Au cours d'une fête fracassante chez Jean-Jacques Lebel, un brin éméchés, ils rampent sur le parquet vers Marcel Duchamp et lui baisent l'ourlet de son pantalon ! Faire le voyage, aller directement aux maîtres, les toucher, se rendre dans leurs lieux, faire confiance à leur voix. D'une certaine façon, et à partir d'une déception analogue face à des commentaires universitaires décharnés, j'avais fait pareil, mais le maître auquel je m'étais adressée, Roland Barthes, était un maître de la nuance, un homme obsédé d'intelligence et phobique du risque d'être épinglé comme stupide ou ridicule. Il se méfiait des passages à l'acte, éprouvait de l'aversion pour les ruptures et leur part inévitable de violence. Avec lui, le chemin vers l'écriture était une gradation infiniment subtile,

ent

une courbe asymptotique, un mouvement vers l'impossible. Non le blocage, la panne devant la page ou l'écran, qui suppose que l'on ait réussi à s'extirper des marais de l'écrivance, là où tout est proscrit en matière de jubilation langagière, mélange de tons, consonances oniriques, bégaiement musical, syntaxe biscornue, glossolalies oiseautiques, survols célestes… L'Impossible : si « l'écrivant », n'en pouvant plus de sa besogne ni de la promesse toujours ajournée d'un jouir d'écrire, soudain saisi d'une force d'insurrection, était prêt à se jeter dans l'aventure, alors se dressait, telle l'instance suprême, la parole de Maurice Blanchot. Blanc métaphysique. Silence définitif. De son pavillon du Mesnil-Saint-Denis, rue de la Pensée, Maurice Blanchot émettait des diktats sans réplique, des réflexions insondables, lesquelles, à vouloir les élucider, vous figeaient.

Lire Blanchot m'avait rendue spécialement sensible au silence, à ses degrés et significations diverses (un registre d'intuitions dont l'origine provenait des phénoménales capacités de silence de mon père et de l'amour que je lui portais). Mais je distinguais encore plus nettement depuis que je vivais à New York deux modes différents d'écrire de part et d'autre de l'Océan : à la discrétion du geste européen d'écrire à la main – une caresse sur le papier –, les Américains opposaient le crépitement de la machine à écrire. Ils tapaient comme des forcenés, parfois si fort qu'ils en perçaient le papier.

Désireux d'écrire davantage, Jack Kerouac se dit : « Je dois accélérer ma frappe. »

J'avais tous les livres de Maurice Blanchot. Je connaissais par cœur des phrases notées dans mes carnets : je lisais et relisais *L'attente L'oubli*, *L'Écriture du désastre*, *L'Espace littéraire*. Et plus je lisais, plus cet espace se hérissait d'interdits, de contradictions insurmontables : « Si le livre pouvait pour une première fois vraiment débuter, il aurait pour une dernière fois depuis longtemps pris fin. » Je méditais : « Il met toute son énergie à ne pas écrire, pour que, écrivant, il écrive par défaillance, dans l'intensité de la défaillance. » Certains jours, j'aimais cette idée, guetter la défaillance, mais encore fallait-il qu'elle fût intense… D'autres fois, après une journée de lecture à la bibliothèque Sainte-Geneviève, dans le léger étourdissement du retour dans la circulation de la place du Panthéon et sous la beauté du soir, je me sentais de force à briser le charme, à franchir le pas. Sursaut naïf rapidement jugulé. Blanchot avait tôt fait de me rejeter dans la spirale de l'impossible : « Le saut mortel de l'écrivain sans lequel il n'écrirait pas, me rappelait-il, est nécessairement une illusion dans la mesure où pour s'accomplir réellement, il faudrait qu'il n'ait pas lieu. » D'accord. Je longeais les grilles du jardin du Luxembourg, contemplais ses lignes parfaites et ses reines de pierre. Il existait un ordre intemporel, et le Livre ne pouvait être qu'à venir.

Il n'y avait pas de rue de la Pensée dans l'East Village, ni de place pour les livres de Blanchot dans l'appartement chemin de fer de Cynthia. Mais leurs effets perduraient. « Je suis poète » : quelle assurance ! Quelle prétention ! Et puis j'ai commencé d'entendre une autre musique.

En ce mois de juillet 2017, les sens et l'esprit davantage aiguisés par le goût de la variation que par celui de l'innovation, j'attends avec impatience les concerts hebdomadaires d'œuvres pour orgue de Jean-Sébastien Bach à Grace Church, mais à cette époque, au temps premier de mes éblouissements new-yorkais, d'entre les deux églises aujourd'hui équidistantes de ma fenêtre, St. Mark's Church et Grace Church, seule la première rayonnait. Avec la bénédiction de Michael Allen, son pasteur aux idées rebelles, convaincu que le message des prophètes était dans la rue et qu'il s'exprimait par la voix des poètes, et sous les auspices du Poetry Project que dirigeait Anne Waldman, St. Mark's Church était le théâtre de la parole fulgurante. Tous les poètes ambitionnaient de s'y produire.

Ils rêvaient de pouvoir, à la suite de Lawrence Ferlinghetti, Paul Blackburn, Brion Gysin, John Giorno, Robert Creeley, Ted Berrigan, Bernadette Mayer, Lou Reed, Annie Powell et bien d'autres, risquer leur texte sur cette scène. Ils n'allaient pas se contenter d'un silence respectueux, vaguement ennuyé, avec, pour souligner la fin de la lecture, des applaudissements polis. Le genre d'approbation consistant, dans un colloque universitaire, de la part d'un président de séance, à remercier l'orateur d'avoir respecté son temps de parole. Autrement dit, de n'avoir pas débordé. Or, justement, sur la scène de St. Mark's Church, on n'attendait que ça : le débordement, l'excès, le hurlement en faveur du corps – de ses fièvres, de ses transes, de ses crises de panique, de ses agonies et de ses résurrections. Du corps ou de l'âme : en cette église les deux ne se séparaient pas.

Les poètes américains des années 1970 continuaient de vibrer à l'unisson avec le choc inaugural, l'événement fondateur de la première lecture publique par Allen Ginsberg de *Howl*, le 7 octobre 1955, à San Francisco dans la Six Gallery. Tandis que le brouillard efface une partie de la ville, Allen Ginsberg, incertain, angoissé, commence de lire. Peu à peu un tempo s'impose, entraîne dans un même courant le poète et son public.

I saw the best minds of my generation destroyed by madness, starving hysterical naked,
dragging themselves through the negro streets at dawn looking for an angry fix,
angelheaded hipsters burning for the ancient heavenly connection to the starry dynamo in the machinary of night,
who poverty and tatters and hollow-eyed and high sat up smoking in the supernatural darkness of cold-water flats floating across the tops of cities contemplating jazz,

J'ai vu les plus grands esprits de ma génération détruits par la folie, affamés, hystériques nus,
se traînant à l'aube dans les rues nègres à la recherche d'une furieuse piqûre,
initiés à tête d'ange brûlant pour la liaison céleste ancienne avec la dynamo étoilée dans la mécanique nocturne,
qui pauvreté et haillons et œil creux et défoncés restèrent debout en fumant dans l'obscurité surnaturelle des chambres bon marché flottant par-dessus les sommets des villes en contemplant du jazz [11],

Le public entend le sens, saisit les mots, mais ils lui parviennent au rythme d'un solo de saxophone, dans sa pulsation, son *pulse,* son *beat.* Jack Kerouac, sur scène, en nage, tape sur sa bouteille de vin et scande : « *Go, go* », « *Go, man.* » Ses sonores « *Yeah* » criés par lui et repris par les auditeurs soulignent le rythme. Dans son ivresse, il perçoit en toute lucidité qu'avec ces mots scandés par la voix chaude et grave de Ginsberg la Beat

Generation est née. Ce soir-là, Allen Ginsberg libère la lecture publique de la sphère du livre. Il la fait entrer dans celle de la musique, rock'n'roll, blues, be-bop…

Yeah!

Près de quinze ans après la performance d'Allen Ginsberg, Patti Smith, lors de sa lecture à St. Mark's Church, se jette elle aussi à corps perdu. Elle n'est pas sûre que ses poèmes soient à la hauteur, elle doute, elle a peur, mais elle renverse ces poids morts en ressorts. Elle pense à Rimbaud, elle veut réussir pour lui, pour l'énergie qu'il lui communique, elle se sent électrifiée et elle électrifie. Accompagnée à la guitare par Lenny Kaye, elle laisse le souffle, elle laisse le rock la diriger. Elle pulvérise la bulle d'intériorité de la langue, sa protection isolante. Elle dira plus tard qu'elle a cherché à insuffler l'immédiateté et l'attaque frontale du rock'n'roll dans le mot écrit.

Poètes et écrivains dans la mouvance du Poetry Project acceptent la loi du spectacle : on capte le public dès les premières mesures, ou c'est raté.

« *Go, go* », « *Yeah!* », ce n'est pas à chaque soirée que l'on a envie de sauter sur sa chaise et, haletant, de se balancer sur la musique déclenchée par la parole du poète. Ce n'est pas à chaque performance que la langue se met à jazzer et qu'écouter fait danser. Mais quand ça se produit, on décolle, on quitte la petite église, comme transfigurés, et, sur la Bowery, parmi les clochards, on croit reconnaître l'ombre de Kerouac. Elle se faufile, disparaît, réapparaît, s'évanouit… À sa place une voix éraillée, une voix d'alcool, de manque et de cigarettes, la voix du dénuement, s'élève et chante :

I'm standing in the doorway
Got no place to go
Standing in the doorway
Got no place to go
Jack Kerouac gave me fifty cents
And I'll go out and blow.

Une nuit, après l'une de ces lectures à St. Mark's Church, je me trouve dans le chaos d'un incendie. Un immeuble est en train de brûler. Volume assourdissant des sirènes, fumées, craquements avant l'effondrement, les vitres explosent, des flammes jaillissent des fenêtres. Sur le trottoir opposé des petites filles font une ronde endiablée. Elles courent, sautent et crient en chantant :

– *Fire ! Fire ! Fire !*

– Et si c'était votre maison qui brûlait? les sermonne une dame.

– C'est notre maison! répondent en chœur les petites filles, sans cesser de tourner.

Il y avait alors énormément d'incendies dans New York, accidentels et surtout criminels. Dans Alphabet City les propriétaires préféraient mettre le feu à leurs bâtiments pour toucher la prime d'assurance plutôt que de les entretenir. St. Mark's Church, le plus vieux bâtiment de l'East Village et la deuxième plus ancienne église de la ville, a brûlé deux fois à la fin des années 1970. En juillet 1978, l'église est presque totalement détruite. Par une sorte de miracle païen les archives du Poetry Project échappent au feu. St. Mark's Church a été parfaitement reconstruite. Nulle trace du désastre. Aucune cendre dans l'air. La petite église, désormais désertée par cette bande de poètes disjonctés en veine d'expériences limites, est pimpante. Son aspect retrouvé d'innocence rurale, teintée d'une touche hollandaise, St. Mark's-In-The-Bowery, St. Mark's-Dans-La-Ferme, comme elle se nomme à l'origine lorsqu'elle n'est qu'une chapelle familiale, cadre bien avec l'atmosphère actuelle. Elle se présente comme lisse et bien pensante. Un immeuble restauré parmi les autres. Un sanctuaire inoccupé. Les démons à qui elle offrait asile certes s'en sont allés, mais aucun Dieu ne les a remplacés.

Il n'y eut pas de guerre entre des divinités ennemies, ni même entre des principes antagonistes ; seulement le grignotage progressif, puis le triomphe éclatant de l'argent, la puissance nue du capital.

Plus de barreaux aux fenêtres, mais des gardiens galonnés aux entrées.

Le règne du confort contre le goût du risque, la loi de l'économie contre les bricolages de survie, le salut par la poésie, les arrangements tordus avec la folie. La norme contre les liens clandestins. La bride sur le cou aux cavales du désir. L'interdit promulgué contre les élixirs de délire.

Les poètes de la Beat Generation prennent au pied de la lettre la parole d'Arthur Rimbaud, modèle et source d'inspiration absolue. Rimbaud a prôné le dérèglement de tous les sens. Eh bien, ils s'y emploieront – et avec zèle. Il n'y a pas une drogue ni un excitant qu'ils négligent d'expérimenter. Alcool ; haschich ; caféine ; speed ; amphétamines : benzédrine, dexedrine ; morphine ; héroïne ; LSD, acide, opium ; champignons hallucinogènes (en particulier : le Psilocybe mexicana), peyotl qui contient de la mescaline… Tout y passe. Jusqu'à l'air qui réussit à les chavirer ! « Ah, mec, l'air d'ici me défonce », s'écrie Neal Cassady à l'approche de la frontière du Mexique.

11

Harmony Bar

Je ferme la fenêtre. J'éteins le son de 3rd Avenue, le vacarme des urgences d'ambulances, de pompiers, de police, le trafic continu des bus, des taxis, les radios poussées au maximum dans des voitures décapotables ou sur des bicyclettes, car dans le tintamarre et le chaos de la ville, il y a toujours place pour la frime, pour le sourire gagnant sur un visage épanoui, même et surtout si le frimeur, ou la frimeuse, se doute bien que la fête ne va pas durer. Alors, s'il est à vélo, il monte le son de la radio, pédale à fond et, dans un élan musculaire et musical invincible, double tous ces nuls de mastodontes à moteur. Dans l'appartement, le ronronnement de l'air conditionné a remplacé le bruit de la ville. Comme je ne sais pas bien régler l'appareil, ou qu'il est incontrôlé, je suis bientôt dans un bloc de gel. Et c'est habillée d'un pull et d'une paire de chaussettes que je m'installe sur le sofa pour regarder encore une fois *Beats in NYC, Allen*

Ginsberg, Jack Kerouac & Friends, un film très court, anonyme. On pourrait l'attribuer à Robert Frank, parce qu'il vient de tourner *Pull My Daisy* à partir d'une pièce de Kerouac et avec quelques-uns des poètes de la Beat Generation, et Delphine Seyrig dans le rôle de l'épouse qui n'a pas la vie rose. (Elle est encore loin des vertiges durassiens d'*India Song*.) De plus, sa femme est présente. Enfin, il s'agit d'un rendez-vous à l'Harmony Bar, un bar situé à l'angle d'East 9th Street et de 3rd Avenue, autrement dit au rez-de-chaussée de l'immeuble où il habitait, lequel se trouvait à l'emplacement exact de celui que j'occupe cet été. Je les regarde bouger et rire, aller et venir du bar au trottoir, à l'endroit même où ça se passait. Une coïncidence qui me trouble, comme si elle me confortait dans la folie de pouvoir saisir l'impalpable… *Beats in NYC* est un film muet de cinq minutes et quatre secondes, en noir et blanc. Il ne se passe pas grand-chose sur ce petit morceau de pellicule, abîmé, troué de bulles, mais pour qui connaît les personnages, leurs obsessions, leurs écrits, il est palpitant et, par certains détails, déchirant.

C'est une journée ensoleillée de l'été 1959. Jack Kerouac, Allen Ginsberg, Lucien Carr se sont donné rendez-vous dans ce bar de l'East Village. Il y a donc Mary, l'épouse de Robert Frank, d'origine anglaise, danseuse et peintre, avec leur fille, et

aussi Francesca, « Cessa », la femme de Lucien Carr, avec leurs trois enfants, Caleb, Simon et Ethan. Jack Kerouac, trente-sept ans, jeunesse et beauté virile, chemise rayée (Herbert Huncke dit de lui, de leur première rencontre : « Ses yeux lançaient des éclairs. Jack était le type même du jeune Américain propre sur lui. Pour moi, il avait l'air d'une pub pour les chemises Arrow »). Allen Ginsberg, trente-trois ans, début de barbe noire, chemise sombre mal boutonnée (plusieurs stylos dépassent de sa poche ; par exception, il ne transporte aucun manuscrit de ses poèmes), il a une expression à la fois amusée et observatrice, une allure nonchalante que contredisent, parfois, la fixité de son regard sur un jeune homme et, toujours, son intérêt entier pour toutes les conversations dans lesquelles il s'engage. Il fait aussi intellectuel que Jack Kerouac fait sportif. Sportif et agité. Jack Kerouac n'arrête pas. Il sonne, appelle du trottoir quelqu'un qui habite au-dessus du bar-restaurant (c'est une époque et un quartier où l'on passe les uns chez les autres sans prévenir), joue à faire des grimaces, conte des fariboles à Mary Frank. Lucien Carr, trente-quatre ans, blond, les traits fins, petite moustache, allure de dandy. Il cultive une apparence de rassurante correction. Mais si on l'écoute parler, si on le croise au cours d'une *party*, sa dangerosité se révèle vite, il est « l'ange de la Mort ». « Lou » incarne pour Kerouac son héros de la côte est, comme Neal

Cassady est son héros de la côte ouest. Il est au cœur de la saga de la Beat Generation. Lucien Carr a fait se rencontrer Ginsberg et Kerouac, lorsqu'ils étaient tous trois étudiants à Columbia University. Un peu plus tard, il les met en contact avec William Burroughs. Il est à l'origine du groupe, au centre de son aventure de violences et d'expérimentations, d'écriture quand celle-ci appelle à un dérèglement de tous les sens. L'écriture, en fait, doit être citée en premier, même si elle est inséparable du sexe et de la drogue. Ou plutôt, il n'y a pas d'ordre. Il faudrait tout nommer au même niveau, à partir d'un seul et inextricable creuset existentiel. Il faudrait casser la ligne obligée de l'énonciation et la hiérarchie des phrases, effacer la distinction entre influences et effets, brouiller les pistes raisonnables, les causalités balisées d'une histoire littéraire qui explique tout nouveau courant par ce qui précède et le surgissement d'une idée indépendamment des coups de foudre, coups de cœur, rapports de voisinage et de libertinage, questions de rivalité et d'argent, d'appartements partagés, prêtés, de transferts de sentiments, d'objets, de meubles, et surtout histoires d'amitié, cette passion bizarre, secrète, captivante, parfois plus forte que les amours affichées, pouvant traverser des phases souterraines, retorses, proches de la haine, pour revenir un jour à sa tendresse première.

Dès le départ, entre les trois amis (il faudrait aussi inclure William Burroughs, lequel à cette date est toujours à Paris, en pleine expérience créative de « cut-up » avec Brion Gysin, et suit du Beat Hôtel où il loge les efforts d'Allen Ginsberg pour faire publier aux USA *The Naked Lunch*), il y a tout un non-dit de désirs, et surtout un *inaccompli*. Car Allen Ginsberg va aussitôt tomber amoureux et de Lucien Carr et de Jack Kerouac, et vouloir coucher avec eux ; mais ils se dérobent. Lucien Carr lui inflige deux chocs émotionnels d'importance : d'abord, le meurtre d'un homme, David Kammerer, son ancien instituteur, qui depuis l'âge de douze ans le suivait d'école en école et le harcelait de son obsession érotique (Lucien Carr poignarde David Kammerer dans la nuit du 13 août 1944 sur Riverside Drive ; ce même jour il avait essayé en vain de s'embarquer avec Allen Ginsberg sur un paquebot vers la France). Ensuite, quelques années plus tard, son mariage avec la belle Francesca von Hartz. Lucien Carr, peut-être à la suite de ce meurtre, s'est détourné de la création, a pris un métier dans l'édition et fondé une famille. Est-ce à dire qu'il s'est éloigné de ses amis ? Nullement. Il est de tous les rendez-vous, de toutes les *parties*, et c'est dans l'alcool, les frasques, qu'il continue d'incarner l'esprit de rupture et de provocation, le goût de perdition qui caractérisent l'attitude Beat, son désespoir actif. Il a renoncé à écrire : un échec ? Ou bien la manière la plus authentique de vivre le Beat ? Sa rage de vivre, ou de mourir, demeure intacte sans sublimation ni dérivation. Jack Kerouac évoque ainsi une de leurs nuits (23 novembre 1948) : « Nous nous sommes soûlés à mort. À l'aube, j'ai porté Allen et Lucien, un sous chaque épaule, sur tout un pâté de maisons, en chaussettes – j'ai perdu mon crayon aussi. Dormi dans la voiture de Lucien. Suis rentré chez moi en titubant à 9 heures du matin. Trop. Beaucoup trop [...]. Mais c'est pour Lucien que je semble toujours vouloir mourir... et c'est pareil pour nous tous [...]. C'était une de ces nuits démoniaques de Lucien... Bagarres, danses, vomissements au balcon, chutes dans les escaliers, cris, et finalement à deux doigts de rendre l'âme à cause de l'excès d'alcool... Dans les caniveaux, les mêmes vieux caniveaux de Rimbaud. » Lucien, « un oiseau posé au-dessus d'une contrebasse », ajoute Jack Kerouac.

Entre Allen Ginsberg et Jack Kerouac, le jeu du désir, tout aussi inabouti, ne connaît pas un arrêt brutal, comme avec Lucien Carr. Il s'agissait, selon Allen Ginsberg, d'une « relation très ambivalente de sa part [de Jack Kerouac]. Il refusait l'intérêt qu'on lui portait tout en l'autorisant[12] ».

Et avec Neal Cassady, est-ce que ça a marché ? Seulement deux mois, cela en raison d'une sorte de salaire que Neal Cassady voulait bien payer à Allen Ginsberg pour ses conseils littéraires : « Je déteste les queues et les hommes, lui dit Neal Cassady, mais je me suis obligé à un désir pour toi en compensation de tout ce que tu m'apportais. » (Neal Cassady, enfant misérable de Denver, ancien détenu, l'homme du désir, de la vitesse, un fou de voitures et de filles. Il a un souhait essentiel : apprendre à écrire, devenir écrivain. En échange de ces leçons d'écriture prodiguées par Allen Ginsberg et Jack Kerouac, il leur livre sa leçon de vie : un flamboyant désastre. Neal Cassady est leur héros et leur matériau.)

Dans la relation sexuelle entre Allen Ginsberg et William Burroughs, ni calcul ni ambivalence. Pas de désir obligé. La demande pressante est, cette fois, du côté de Burroughs (il se dit très « accro »). Après quelques essais, Allen Ginsberg, soudain indifférent au registre psychanalytique qu'ils approfondissent ensemble, lui déclare : « Je ne veux pas de ta vieille bite. »

En cet été 1959, les années étudiantes de Columbia University sont loin mais, malgré les nettes affirmations d'homosexualité d'Allen Ginsberg et d'hétérosexualité de Jack Kerouac et de Lucien Carr, le philtre ancien de fureur juvénile et de confusion amoureuse continue d'agir. Dans la clarté de ce rendez-vous d'apparence anodin il maintient une part d'obscurité, la place laissée en suspens par l'esquive des corps, la crudité des rêves, les intermittences, de jour comme de nuit, du retour de l'angoisse. La place de l'assouvissement irréalisé, du comblement impossible : le rappel d'une soif.

« Serai-je riche et célèbre ? » s'interrogeait Jack Kerouac jeune homme après avoir terminé *The Town and the City.* Maintenant, en pleine maturité et dans la gloire que lui vaut la publication, deux ans plus tôt, de *Sur la route*, il peut répondre. Riche, il ne l'est pas, mais célèbre, oui. Il a été sacré roi des beatniks, et c'est une croix. Pas la croix du Christ, objet de dévotion pour sa foi de catholique et son intime conviction d'être un auteur dostoïevskien ; la croix d'un malentendu qui va s'aggravant entre les médias et lui. Il est conservateur, vote républicain, et il a beau répéter : « Je ne sais pas conduire, juste taper à la machine » (c'est Neal Cassady qui est un as du volant, pas lui), aux yeux du public il ne fait qu'un avec les personnages de son roman, que celui-ci soit sa création, la géniale exploration d'une nouvelle technique d'écriture ne compte pas. Ce roman, présenté d'abord sous la forme d'un rouleau de quarante mètres (constitué de feuilles collées bout à bout et glissées en un seul ruban continu dans la machine à écrire) pour l'effarement de son éditeur qui lui impose de le remanier, finalement l'enferme.

Les deux plus célèbres rouleaux de la littérature, celui des *120 Journées de Sodome* du marquis de Sade, écrit à la Bastille au XVIIIe siècle, et celui de *Sur la route*, commencé à Manhattan au XXe siècle, dans le loft de Bill Cannastra, un ami qui, suicide ou accident, venait juste de mourir d'une mort atroce dans le métro, sont des gestes de prisonniers. Ils répondent à des efforts vers la liberté. Ils tentent l'un et l'autre de déjouer une surveillance, de tromper une censure – sauf que celles dont est victime Sade sont matérielles, extérieures : Sade espère grâce à la forme discrète de son manuscrit réussir à le faire passer au-dehors ; tandis que celles que subit Jack Kerouac sont spirituelles, intérieures : il s'agit pour lui de supprimer les temps d'arrêt, d'abolir les interruptions, afin de neutraliser les réflexes d'autocensure, de libérer une écriture au flux aussi souple et imprévu que la parole. À long terme et dans ce conflit avec la société, Sade, dans une situation de guerre ouverte, garde jusqu'au bout intactes sa lucidité et sa force de rébellion, alors que Jack Kerouac, aux prises avec une société impitoyablement moraliste et répressive sous des allures permissives (il notait lui-même, durant les années de guerre froide avec la Russie soviétique, qu'au nom de la liberté le gouvernement ne cessait de rogner les libertés individuelles), est amené à un lent suicide. La route a son rythme, et il est rapide. La destruction par l'alcool aussi a son rythme, ou plutôt elle est une chute, avec des moments de reprise, des à-coups pour freiner un engrenage fatal (Jack Kerouac mourra, à l'âge de quarante-sept ans, coincé entre sa mère et sa dernière épouse, séparé de ses amis, à St. Petersburg, en Floride – trait d'ironie cruelle pour un tel admirateur de Dostoïevski !).

Jack, Allen, Lucien, un groupe d'amis très particuliers, liés par des événements violents et par le désordre de désirs contradictoires, par la fièvre de leurs conversations infinies, par le défi de ne pas se soustraire aux situations dangereuses.

Jack, Allen, Lucien et Cessa, leurs enfants, Mary et sa fille, une histoire en cours qui, en ce jour de soleil et de loisir, brille par ses airs d'innocence. Un simple rendez-vous à l'Harmony Bar. Il ne s'y passe rien ou quasiment rien. On discute, on prend un verre, on plaisante, on colporte, on médit, on continue de s'étonner de la métamorphose de 3rd Avenue et de tout le Lower East Side depuis la destruction du Third Avenue El, cette ligne de métro qui passait juste au-dessus, enfumait et recouvrait de son ombre, de son bruit, la vie grouillante et glauque d'une multitude de bars. On lève les yeux et l'on est surpris de ne plus voir les rails du métro aérien. Kerouac s'amuse à pousser la voiture où dort le dernier enfant de Lucien et Cessa, on rit, on se quitte.

C'est dans la marge assez floue du moment de se quitter – il est clair qu'ils sont dans une temporalité élastique – que passe un clochard. Il pousse une voiture d'enfant. Tout le monde éclate de rire. Kerouac aussi, plus fort que les autres. Il pourrait aussi bien fondre en larmes, car il voudrait de toutes ses forces, lui qui n'a même pas été capable de reconnaître sa fille, Jan, être le père idéal. Il se voit penché, plein d'amour et de protection, au-dessus de son bébé endormi. Il projette de s'installer avec une famille dans un ranch en Californie ou au Colorado. Au lieu de ça, il le sait, il est ce clochard aux quelques possessions de misère empilées dans une voiture d'enfant abandonnée.

Il est ce clochard ou un autre, dont le fantôme reviendra, la nuit, hanter les rues du Lower East Side, longtemps après sa mort, pendant des saisons et des saisons, jusqu'à la phase, inaugurée au début du XXIe siècle et englobant tout New York, du grand nettoyage, du bain de jouvence et de transparence, de l'élimination des vagabonds – de leur détresse sans fond, de leurs accès de joie bizarres, comme des ouragans bienheureux qui soudain les dévastent.

Jack, Allen, Lucien, ils éclatent tous ensemble de rire, par la comparaison évidente entre la voiture détritus du clochard, lequel va bientôt s'éloigner et poursuivre seul son chemin, et la voiture où dort un bel enfant blond. Les femmes aussi ont l'air de trouver ça drôle. Pourtant, il est difficile de ne pas percevoir dans cette rigolade collective une teinte de misogynie. L'aveu indirect qu'ils sont du côté du vagabond et non des partisans de l'embarras d'épouses chargées d'enfants.

La Beat Generation : Jack Kerouac, William Burroughs, Allen Ginsberg, Peter Orlovsky, Neal Cassady, Herbert Huncke, Gregory Corso & Cie… Un groupe d'hommes, un gang de vauriens, des types pas fréquentables. Homosexuels ou pas, ils ne se désirent réellement qu'entre eux. Puisent les uns par rapport aux autres leur énergie de vivre, de créer leurs personnages et les scènes emblématiques du mythe qu'ils sont en train d'édifier. Je repense à Cynthia. Elle avait raison dans ses diatribes contre leur machisme, mais je reste, aujourd'hui, tout aussi passionnée et, si je devais reprendre avec elle le débat, j'aurais moins d'arguments qu'alors en même temps qu'une compréhension plus sûre de ce qui était pour eux, et qui depuis est apparu pour moi, l'unique enjeu : garder l'intensité, ne pas perdre la note, la pousser jusqu'au bout des limites du souffle. Ou encore : brûler.

Dans un magnifique passage de *Sur la route*, Jack Kerouac écrit : « Mais à l'époque ils [Neal Cassady et Allen Ginsberg] dansaient dans la rue comme des ludions, et moi je traînais la patte derrière eux, comme je l'ai toujours fait quand les gens m'intéressent, parce que les seuls qui m'intéressent sont les fous furieux, les furieux de la vie, les furieux du verbe, qui veulent tout à la fois, ceux qui ne bâillent jamais, qui sont incapables de dire des banalités, mais qui flambent, qui flambent, qui flambent, jalonnant la nuit comme des cierges d'église[13] . »

Le froid dans la pièce augmente, j'ajoute un foulard et regarde à nouveau cette vignette d'un temps pour rien. Le cauchemar des biographes et des réalisateurs de films d'action. Cinq minutes et quatre secondes sans événements, un abandon à l'amitié et à l'humeur du moment, cinq minutes et quatre secondes de pure oisiveté, quand naissent les meilleures idées, quand il se passe *vraiment* quelque chose.

12

Guimauve et jus de carotte

3 juillet 2017. J'ai enlevé, avant de m'extraire de mon bloc de gel, foulard, pull et chaussettes. Dehors, seuls les détraqués déambulent chaudement vêtus. Non qu'ils soient follement frileux, mais ils demeurent hermétiques à la température ambiante. Dans l'espace intérieur où ils se meuvent s'est déclenché à leur insu un système d'air conditionné qui les isole au profond de leurs perceptions et fantasmagories, et fait qu'ils parcourent les saisons comme enfermés dans la carapace d'une armure du Moyen Âge ou dans l'étanchéité d'une combinaison de scaphandrier. C'est le cas de cette Japonaise qui erre dans le quartier revêtue d'une longue doudoune d'une blancheur immaculée. Je l'ai remarquée dès le début de mon séjour. Elle marche nuit et jour, pourtant rien n'altère le blanc de son habillement. Son visage est enduit d'un masque blanc et l'étroite fente de ses yeux allongée d'un trait noir. Elle est habillée et maquillée de

la couleur symbolique de la mort au Japon : le blanc. Elle va d'un pas égal, lent. Un contraste marquant avec le pas new-yorkais. Se déplace-t-elle en secret sur une scène du théâtre nô, où elle accomplirait seule, d'après un rituel archaïque, le pas de la grande danse lente ? J'ai encore devant les yeux les images d'Allen Ginsberg et de ses amis excités, alertes et joyeux, saisis dans le mouvement physique de leurs déplacements d'une piaule à l'autre, d'un café à l'autre, de leurs virées de la côte est à la côte ouest, de l'Amérique au Mexique, de New York à Paris, de Paris à Casablanca, de Casablanca à Bénarès ou Kyoto, et dans le mouvement mental et émotionnel dont ils sont sans cesse agités. Et ça me fait tout drôle, à l'endroit où je viens de les voir se séparer et poursuivre chacun pour soi ses élucubrations, à l'emplacement même de l'Harmony Bar, de la trouver elle, la Japonaise, immobile devant Vivi Bubble Tea, l'antithèse d'un bar Beat, un local aseptisé où de jeunes Asiatiques viennent avaler debout et en silence un Blue Galaxy, un Ice Jelly Tea, ou un Tiramisu Slush. L'officiante de la danse lente, peut-être en son pays natal une adepte de la cérémonie du thé, n'est pas tentée. Elle tourne le dos à Vivi Bubble Tea, une chaîne taïwanaise, et s'apprête à traverser 3rd Avenue. Sa lenteur colle mal avec le bref temps imparti aux piétons, mais elle s'en sort – et moi aussi. Car j'ai décidé d'aller où ses pas l'entraînent. De regarder à son

LiB

rythme le nouveau visage de mes anciennes rues, d'affronter dans son sillage la face liftée de l'East Village. Ainsi, à l'école de ma maîtresse de nô, ma givrée en son kimono de neige, ma danseuse en doudoune de plumes de canard, à sa suite et dans la nuée invisible des esprits qui volettent à ses côtés, je romps avec le pas new-yorkais, je reviens à ma démarche naturelle. Celle qu'on a quand on a appris à marcher sur du sable, dans le sable, et quand vagabonder d'une coquille d'huître à une algue sèche semble la destination la plus nécessaire, quoique sans urgence particulière.

De l'autre côté de l'avenue, un homme est assis sur le trottoir. Un carton indique : *Published poet sells his poems*, « Poète publié vend ses poèmes ». Il tend aux passants des photocopies de ses poèmes parus il y a plusieurs décennies. Personne ne ralentit. L'homme brandit ses feuilles aussi vainement qu'un naufragé sur une île déserte qui tente d'attirer l'attention d'un navire au large. Il a l'air exténué, malade, et, de ses lèvres desséchées, récite en boucle des bouts de ses poèmes (des mois plus tard, fin mars, après une énorme pluie, je le reverrai sur un quai de la station Astor Place, au-dessous du trottoir où je l'observe aujourd'hui. Le même écriteau à ses pieds. La pluie, comme souvent dans le métro new-yorkais, a provoqué des inondations. L'écriteau est mouillé, l'encre des lettres s'est dissoute. Et lui, enveloppé dans une couverture noire, caché de la tête aux pieds, se tient recroquevillé sur un banc. On pourrait le croire mort, n'était l'infime balancement qui l'anime. De l'île du naufragé, en plein air, il avait chuté une case au-dessous, dans le souterrain du métro, antichambre parfois de l'existence ténébreuse des milliers de malheureux, appelés les *Mole People*, « les Taupes ». Ils sont cinq mille au moins à la fin des années 1970, en rupture avec la société, complètement hors la loi. Ils sont passés en clandestinité. Ils se sont réfugiés dans des tunnels désaffectés du métro, quelquefois avec des enfants, et y tentent une survie extrême. Ils se terrent toujours plus profond, s'aventurent dans une obscurité grandissante vers des tunnels de plus en plus éloignés et des cavernes naturelles. Ma guide n'accorde aucune attention au poète oublié. D'ailleurs, comme je vais le constater, elle ne regardera aucun des petits magasins qui ont poussé dans l'East Village, comme des champignons multicolores. Bien enfouie dans son chaud manteau blanc, elle se fout complètement des robes d'été, des chapeaux, des ombrelles, des chaussures, des gants au crochet et des lunettes rétros, de cette panoplie du joli qui s'étale partout dans ces rues autrefois inquiétantes, et attachantes, par leur vide et leur austérité, leurs terrains vagues et leurs parkings, et le vent qui, la nuit, faisait s'envoler des bouts de papier et bouger sur son fil le linge mis à sécher. Tout ce qui est du côté du joli, du mignard, du *cute*, du *kawaii*, et aussi du régressif, de l'enfantin, prospère. Des magasins de *squish marshmallows* et de *cupcakes* viennent d'ouvrir. Le quartier respire la chasse à l'angoisse, la suppression de la peur. Une promesse globale d'élimination de toute tension. Les instituts de beauté et de relaxation, les offres de massage du dos, de la nuque, des gros orteils et lobes de l'oreille abondent. Sur la façade d'un café The Bean, écrites sur fond azur, se détachent quatre lettres : *COOL*, maître mot de l'attitude idéale. Un rêve de Japon (magasins de saké, de mochis, de poteries, de thé matcha, etc.) ajoute une touche de style, une ombre de zen, comme une allusion à une spiritualité que l'on voudrait croire virtuellement active dans ces rues commerciales. Ma guide aux pas lents l'ignore comme le reste. Blanche et droite, elle fait des pauses, reprend son chemin. Elle dépasse tous ces appels au bien-être. Même les bars à ongles où, tard le soir, des jeunes filles solitaires, la mine absente, présentent leurs mains d'anorexiques à d'autres jeunes filles, tout aussi solitaires, mais qui, penchées sur les extrémités de leurs clientes, ne peuvent pas se payer le luxe de s'absenter. Non, rien ne l'intéresse, pas plus le marchand de saké que celui de soupes bio. Je passe devant Via della Pace, Rose and Basil, Still House, Cute, Smile, Spark

Pretty, Pink Olives, Enchantments… Je suffoque dans l'irrespirable d'un paradis d'innocence. Le bouclage réussi d'une zone de sécurité – et d'identité. Le quartier baigne dans l'autosatisfaction du même et de sa reproduction à l'infini.

Dans les innombrables magasins de barbiers, tous plus coquets les uns que les autres, les hipsters s'empressent de se faire tailler la même barbe, de se faire dessiner la même tête.

Un magasin, le Cupcake Market, propose : *Please ask us about our custom face cookies.* « S'il vous plaît demandez-nous les cookies au visage de nos clients. » Formidable ! On s'est fait tailler la même barbe, on a tous la même tête, et, maintenant, elle est reproduite sur un cookie, qu'on va s'acheter et manger ! *Yummy ! I'm good ! Very good !*

Le bon et le bien recouvrent tout, me dis-je, et juste alors j'aperçois un clochard ivre, couché quasiment en travers de l'entrée de Lady Bird, un bar de jus de fruits et légumes. Je pense : comme Neal Cassady se défonçait à l'air du Mexique, celui-ci a réussi à se pinter au jus de carotte !

J'ai truqué, me direz-vous, il n'y a pas que des bars au nom de carte du Tendre. Non, bien sûr ! Mud, The Immigrant, Proletariat, Death & Company (où l'on sert d'excellents zombies) sont là pour nous rappeler le monde d'avant, l'abrupt de la pauvreté, de l'immigration, du travail. Ils le rappellent, ou plutôt ils l'évoquent, mais en le réduisant à des enseignes de lieux où l'on s'assemble pour passer du bon temps, ils en gomment le tragique et la vitalité, étalent sur des pierres imprégnées de sueur et de crasse, souillées de sang, un vernis rose bonbon. Ils ne rappellent pas : ils parodient.

Je suis allée une fois à Proletariat, une fin de journée, un bar en longueur dont un des murs est entièrement décoré de motifs de tatouage. Le carte des bières est extraordinaire, leur prix prohibitif. Aller boire une bière à Proletariat, quoi de plus décadent ? m'étais-je dit, assise en face d'un homme, en short et torse nu, qui semblait s'être fixé comme but dans l'existence de cumuler, tatoués sur son corps, tous les motifs exposés sur le mur.

Plus de graffitis mais des tee-shirts imprimés de phrases toutes faites, de proverbes, de mots d'esprit, et des gens tatoués des pieds à la tête. Des corps supports, des surfaces à marquer, au lieu de la main qui trace, du geste qui lacère, du liquide qui gicle.

Plus de murs qui hurlent et vocifèrent, explosent, jouissent, mais des peaux couvertes de dessins, des corps dessinés.

Effacé le geste anonyme de ceux et celles qui refusent de disparaître sans laisser de traces, qui refusent d'être humiliés, blessés, expulsés, piétinés, sans projeter sous le ciel leur visage abîmé, déchiqueté, leurs larmes jaillissantes,

Ou qui, foudroyés, fous d'amour, refusent de s'en aller sans avoir pu crier leur joie, inscrire à la peinture ou au couteau leur désir éperdu de se blottir à jamais dans le tracé d'un cœur fidèle, mausolée de deux prénoms tendrement enlacés (ou, pour ceux trop en proie au besoin pour rêver romance, d'une bite et d'un con fièrement figurés).

Les magasins mignons font diversion. Derrière leur joliesse bariolée et leur parti pris de frivolité se joue une guerre sans merci. Les vagabonds faisaient tache dans un paysage conforme à une esthétique de carte postale. Il s'imposait de les éradiquer. Mais les habitants eux-mêmes, les habitants d'avant paraissent incongrus. Ils choquent et n'entrent pas dans le cadre. Il faut les expulser. Entre promoteurs et anciens locataires il n'y a pas de trêve. Dans ce quartier, actuellement l'un des très chers de New York, les derniers habitants du temps précédant le grand nettoyage et la gentrification systématique sont des résistants. Contre leur détermination, les promoteurs emploient tous les moyens : harcèlement moral, menaces, coupures de chauffage et d'électricité, non-réparations, fenêtres obstruées. Une guerre d'usure. Une guerre où les perdants sont désignés d'avance. Ce qui n'empêche pas leur combativité, comme le montre Jeremiah Moss dans *Vanishing New York : How a Great City Lost Its Soul*, un livre qui a la virulence d'un pamphlet. Jeremiah Moss, débarqué d'une petite ville de la Nouvelle-Angleterre à New York en 1993, à l'âge de vingt-trois ans, et bien déterminé à changer de vie et de sexe, est d'autant plus acharné à défendre l'âme de l'East Village qu'il a le sentiment d'être arrivé trop tard. Dans sa croisade pour sauver quelque chose de l'ancien East Village, de sa diversité, de sa bizarrerie, de ses rues et de ses bars vibrants de fantasmes, il en appelle à la fois à une réalité et à ses propres désirs d'une vie autre. Il aime de toutes ses forces un fantôme encore proche, émouvant par tant de signes de sa présence récente, au point qu'on pourrait oublier son état de spectre… L'âme de l'East Village était déjà quasi disparue quand il est venu s'y installer. Les traces précieuses qu'il en réunit et pour la sauvegarde desquelles il se mobilise ne relèvent pas d'un fétichisme du passé ni d'une tendance à l'enjolivement. Il se bat pour un idéal, il fait de sa passion pour un lieu de précarité, d'émotion et de mémoire une cause.

Dans sa guerre, Jeremiah Moss utilise l'écriture mais aussi la rue, il colle un peu partout des stickers aux formules vengeresses, au fur et à mesure arrachés, comme ont été recouverts les graffitis qui toujours se multiplient dans l'imminence d'une destruction. Ils surgissent tels un appel au secours, un rire moqueur, un ultime sursaut de couleur et de vie.

Murs lisses, surfaces sans écorchures, appartements pour milliardaires, hôtels de luxe (dans l'un d'eux sur Allen Street, le fond d'une piscine en plein air a pour motif un portrait d'Andy Warhol ; dans un autre hôtel, sur la Bowery, un décorateur a l'idée amusante de mettre dans le hall et les chambres des photos de clochards, dont certains couchent dehors devant l'hôtel), mais pourquoi s'émouvoir autant de tels changements ? Sont-ils aussi radicaux qu'ils en ont l'air ? Et s'ils ne dénotaient, en fait, qu'une phase dans une suite perpétuelle de métamorphoses ? Sauf que, dans l'infinité des changements qui constituent l'histoire des individus, des villes et des pays, il y a des sauts qualitatifs, des seuils de non-retour. Et c'est le cas ici aujourd'hui. La disparition des poètes dans un monde régi par le seul marché de l'immobilier est une perte du côté de l'irrémédiable, la perte de son âme. Comme, selon l'analyse géniale du cinéaste et poète Pier Paolo Pasolini, le fut la coïncidence de la disparation des lucioles avec l'ère de la Démocratie chrétienne, triomphe d'une Italie oublieuse de son identité paysanne, ravagée par l'esprit de consommation. Et cela définitivement.

Au temps d'avant la disparition des poètes, il y avait beaucoup de voyantes dans Greenwich Village et dans l'East Village. Maquillées, toutes clinquantes de bijoux de pacotille, elles guettaient le client, assises à des petites tables couvertes de draps multicolores. Dans la lumière tamisée d'abat-jour de dentelle, elles déchiffraient lignes de la main, boules de cristal et marc de café, faisaient parler les cartes. Avec leurs mèches de Gitane, leurs sourires aguicheurs et leur savoir venu d'Orient, elles s'appliquaient à mettre le futur de leur côté. Hélas, elles non plus n'avaient rien vu venir.

Ma guide et moi, nous avons atteint Tompkins Square Park. Je me trouve tout près derrière elle. Son indifférence commence à m'énerver. Sa marche de somnambule, sa blancheur d'absente. Alors je lui souffle : qu'attends-tu pour qu'explose ta colère, pour que tes traits se déforment, que tes yeux étincellent des flammes dorées de la destruction ? Qu'attends-tu pour arborer le masque de la vengeance ? La danse lente a son protocole. L'officiante ne me répond pas, ne se retourne pas. Je la suis dans une allée, moi en sueur, elle inaltérée dans son linceul rembourré. Je persiste encore quelques mètres, et puis je diverge. Je l'abandonne à son destin d'errante en pays de mort. Je quitte Tompkins Square Park, où, près d'une pelouse envahie de pique-niqueurs, une dizaine de personnes massées sous un arbre essaient de prendre en photo un aigle perché tout en haut. « Ils sont trois dans le parc, m'explique une dame, une famille. Ça, c'est un mâle, c'est le père. » Elle pointe du doigt l'oiseau, à l'instant même où il s'envole.

Le groupe des amateurs photographes est déçu. La dame aussi, mais son attachement pour la petite famille Aigle est assez fort pour se moquer d'une image de plus ou de moins. Je m'en vais avant qu'elle puisse m'en dire davantage. Dans l'empire du Bien, même les oiseaux de proie sont dotés de vertus bourgeoises. La dame continue sa promenade vers le coin sud-ouest du parc, où persiste un campement de SDF résistant aux intimidations, rafles et brutalités de la police. Elle contourne la fontaine de la Tempérance, érigée au XIXe siècle dans l'idée de détourner par le désir de boire de l'eau les ivrognes du lieu… Ce faisant, elle piétine les petites plaques commémoratives hexagonales posées autour de la statue qui célèbrent les habitants de l'East Village, les amoureux du quartier, de son parc, de son jazz, artistes chéris, motifs d'inspirations, Anonymes, Iris, Diane, Elisa, Mike, couples : Brooke + Adam, Felix + Ella, Dave + Emma, Puck + Megan, personnes connues comme Jackie Curtis, l'amie transgenre de Candy Darling, ou Muhammad Salahudden (1930-2007, Université de la Rue, sans doute un ex-étudiant du professeur Seagull…). Je lis aussi : *In memory of Sandy Turner from the Ladies who read*; des questions : *Brooke, my love, will you marry me ? Matt*; des certitudes : *Love life, life café, 2005…* La Tempérance si longtemps malmenée – le pavage des plaques à ses pieds ne concerne aucun de ses adeptes – se redresse sur son piédestal. Elle a le vent en poupe.

Alors que je vais rejoindre Avenue A, un petit garçon en chemise vert pomme et bretelles rouges me donne des feuillets de son église, en Pennsylvanie. Les Mennonites, m'explique-t-il. Il me désigne, non loin du coin aux clochards, des femmes en longue robe bleue et bonnet blanc. Elles sont en train de se mettre en rang pour chanter. Près d'elles, quelques hommes habillés comme l'enfant en chemise verte et bretelles rouges (on dirait que les bretelles ont un grand rôle dans cette secte). Je regarde avec lui, en direction de sa mère, de ses sœurs, de ses tantes, toutes si identiques, et tempérantes, et soumises. De ce chœur pieux, d'une chaste féminité, s'élèvent des voix plaintives, elles appellent l'Esprit saint. Les clochards avachis sur leur banc prêtent l'oreille. Le petit garçon, bientôt rejoint par un autre, plus âgé, va poursuivre sa tournée d'évangélisation. « Tu dois méditer ça, me dit-il à propos des feuillets roses et bleus. » Pour m'encourager, il commence : « Le Seigneur en Sa miséricorde nous a donné beaucoup d'avertissements à propos de la confusion entre l'Esprit du diable et l'Esprit saint, Il nous aide à ne pas succomber à la tentation. L'Esprit du diable commande parmi nous les troupes immenses des enfants de la désobéissance. »

L'enfant d'obéissance, tout menu dans sa chemise vert pomme trop grande pour lui et sanglé dans ses bretelles d'homme, me fait un signe d'au revoir. Il me laisse à ma quête sur les pas effacés d'enfants de désobéissance.

13

Adopte un banc

À la chaleur des jours précédents succèdent des orages. Non seulement j'ai repris le pas new-yorkais, mais il m'arrive souvent de courir sous la pluie. De patauger dans des rues inondées et d'aller, après l'averse, respirer dans un des merveilleux jardins communautaires de l'East Village, le plus ancien et l'un de mes préférés s'appelle… Versailles. Certains jours, je me promène sans but, je vais lire au Café Orlin, à La Colombe, à Think Coffee, ou au Bean, l'ambiance est calme. La plupart des clients installés là pour une durée indéfinie fixent l'écran de leur ordinateur. Ils sont cool – jusqu'à un certain point. De l'autre côté de la rue, à l'angle de 1st Avenue et d'East 9th Street, une gerbe de marguerites et d'œillets a été déposée en souvenir d'une habitante de l'East Village, une jeune femme à bicyclette renversée par un camion, tôt un matin d'avril, juste à cet endroit. Elle s'appelait Kelly

Hurley. Sa photo, souriante, parmi les œillets rouges et les mots d'adieu, retient mon regard.

Il y a des pays, des villes, où marcher dans les rues est une manière de parcourir l'Histoire et de rêver aux artistes et hommes politiques qui y ont vécu, ou y sont passés. Cela grâce aux plaques commémoratives qui nous apprennent, à Paris par exemple, au 61, rue de Richelieu : « Ici Stendhal vécut de 1822 à 1823. Au 69 de cette même rue, il écrivit *Promenades dans Rome*, *Le Rouge et le Noir*. » Ou, au 27, rue de Tournon, sur la façade du Scandinavia Hôtel : « Dans cet hôtel a habité Jacques Casanova de Seingalt (1725-1798), écrivain et aventurier vénitien » ; non loin, au 27, rue de Fleurus, nous lisons que : « Gertrude Stein (1874-1946) vécut ici avec son frère Léo Stein puis avec Alice B. Toklas. Elle y reçut de nombreux artistes et écrivains. » Il peut être aussi intéressant d'apprendre, 27, rue Casimir-Périer : « Ici mourut le 9 février 1874 la comtesse de Ségur, née Rostopchine. » Et, lorsqu'on se promène à Bruxelles, tout à côté de la Grand-Place, au 1, rue des Brasseurs, il y a cette inscription qui, au-dessous de la citation : « Il faut être absolument moderne », rappelle : « Ici s'élevait l'hôtel À la ville de Courtrai, où, le 10 juillet 1873, Paul Verlaine blessa Arthur Rimbaud d'un coup de revolver. » Ma préférée, cependant, a

opposition

longtemps été, au 26, rue Saint-François-de-Paule à Nice, la plaque (hélas aujourd'hui enlevée) : « Frédéric Nietzsche et son génie tourmenté habitèrent cette maison. 1865-1866 », mais de retour à Paris, c'est, au 9, rue Gît-le-Cœur, la plaque apposée sur la façade de l'actuel Relais Hôtel Vieux Paris qui a toute ma tendresse : « Beat Hôtel. Ici vécurent B. Gysin ; H. Norse ; G. Corso ; A. Ginsberg ; P. Orlovsky ; I. Sommerville ; W. Burroughs y acheva *Le Festin nu* (1959). »

À New York, rien de tel. Très rares sont les plaques sur les immeubles pour nous rappeler quels artistes y séjournèrent (à l'exception du Chelsea Hotel, sur lequel de nombreuses plaques en bronze honorent la mémoire de ses habitants célèbres). On trouve plus facilement des rappels de lieux de tournage de films. Il faut aller dans Central Park, regarder les bancs, pour être assailli par des plaques dédiées à des disparus : présences anciennes de simples promeneurs, amateurs d'un certain coin du parc, maniaques de la promenade répétée chaque jour à la même heure pour finir, rituellement, sur le même banc, *leur* banc. Là, sur des dossiers verts fraîchement repeints, fleurissent : *In memory of Eva & Maude, Jane & John, Tom & Judith, Lisa & Chloë & Bill… In loving memory of Chris, beloved husband, father, brother, always together, now and forever, Sofia & Jay*, etc.

Ou encore, sans référence à une personne particulière, une plaque m'exhorte : *Enjoy, life is a party.* Une inscription qui pourrait me ramener aux années où, effectivement, telle une flambée, une folie de *parties* se propageait. Mais justement non, la vie n'est pas une *party*. Pas toujours, en tout cas. Elle est aussi une traversée usante d'attentes, minée de pièges, déchirée de souffrances, de deuils. Et c'est parce qu'il y a ce savoir noir, ces gouffres pressentis, ce tremblement en bord de larmes qu'il peut y avoir fête. Sans cela, il n'y aurait que des matins normaux.

« Pourquoi je ne veux pas de la vie sur terre ? Pourquoi n'est-elle pas assez ? interroge Jack Kerouac.

Parce qu'elle n'inonde pas mon âme et n'enfièvre pas mon cerveau et ne me fait pas pleurer de bonheur[14]. »

Si la vie était une *party*, la si simple et extraordinaire question posée par Jack Kerouac : « Pourquoi ne nous arrive-t-il jamais de pleurer de joie du seul fait d'être vivants ? » ne nous atteindrait pas. Alors qu'au sortir d'une fête, ivres et brisés, et bizarrement lucides, nous la découvrons avec le lever de soleil. Elle s'insinue partout en nous, en chacun de nos membres, de nos organes, sous chaque millimètre de notre peau, et soudain, hors raison, nous fait éclater en sanglots.

Si la vie était une *party*, pourquoi irait-on dans des *parties* ? Il suffirait de choisir son banc et de n'en plus bouger.

Les plaques sur les bancs sont en l'honneur des assis, consacrent l'humeur bucolique. Elles n'émaillent pas les bancs sur lesquels échouent des vagabonds sans feu ni lieu, qui s'endorment d'un sommeil de plomb sur la planche étroite, se réveillent hagards aux premiers rayons du soleil et regardent les joggeurs matinaux dans la stupeur d'avoir été projetés dans de la science-fiction. Ces pouilleux usagers des bancs publics, il n'y aura personne pour demander que leur nom soit mentionné à l'endroit où, plus d'une fois, ils gisaient là, entrecoupant leurs monologues chaotiques de sanglantes invectives contre cette chienne de vie ou d'irrépressibles élans de reconnaissance.

Les vagabonds, de toute façon, n'ont pas les moyens de participer à l'opération « Adopte un banc ». Ils ne sauraient rejoindre les généreux donateurs qui au prix de 7 500 à 25 000 dollars auront droit à une inscription sur un banc de Central Park. Adopte un banc ! Encore heureux, s'ils possèdent un chien.

Au cours de mes allées et venues, je passe devant des immeubles où ont vécu des artistes, danseurs, musiciens, écrivains. J'ai leurs adresses notées dans mon carnet. Pas davantage que les clochards sur les bancs, aucun d'eux ne jouit de l'hommage posthume d'une plaque apposée sur le mur de son immeuble. Tout en marchant, tout en parcourant et reparcourant ces rues, je pose des plaques invisibles aux adresses où ont habité E. E. Cummings, W. H. Auden, Thomas Wolfe, Allen Ginsberg et Peter Orlovsky, Herbert Huncke, Willem de Kooning, Jackson Pollock, William Burroughs, Iggy Pop, Ted Berrigan, Franz Kline, Kate Millett, Robert et Mary Frank, Keith Haring, Carl Solomon, Peter Hujar, Patti Smith, Jack Kerouac, Nico, Lou Reed, Jean-Michel Basquiat, Candy Darling…

À chaque fois, j'embrasse l'air au passage.

14

La Boîte d'Écriture

Je fais pareil, je pose une plaque invisible, quand je passe East 9th Street devant l'immeuble où habitait Cynthia, j'envoie des baisers dans l'air. Pourtant, notre histoire s'était mal terminée. C'est ce qui me revient quand, sur ma prière, un des actuels habitants du lieu en conversation au pied du perron me permet d'entrer, de faire quelques pas dans le hall, de revoir l'escalier. Les mêmes couleurs brunes, le même espace étriqué et survoltant. Mais ce que ma mémoire fait resurgir alors, ce n'est pas le son impatient de nos pas vers la piste de danse de Bonnie and Clyde's, mais le bruit calamiteux de mes affaires précipitées par Cynthia du haut de son sixième étage. Elle avait balancé ma valise, qui m'avait manquée de peu, et avait continué en jetant dans l'escalier tout ce qui m'appartenait et lui tombait sous la main. Des livres, des chaussures rebondissaient, cognaient les murs. Je ramassais aussi vite que je pouvais. Elle me traitait de profiteuse, de sale garce. J'avais réuni tant bien que mal mes quelques objets et m'étais mise à la recherche d'un lieu où dormir. J'avais essayé le Chelsea Hotel, mais il était plein (j'aurais pu tenter le placard de Paul le Zombie, je n'y avais pas pensé). J'avais traversé West 23rd Street et sonné à la YWCA, même réponse. Finalement, j'avais abouti St. Mark's Place, dans un appartement en sous-sol loué par un étudiant coréen. Il dormait le jour et passait ses nuits à faire de la pâtisserie. J'occupais un sofa dans son living. J'étais sans arrêt réveillée par des chocs de vaisselle, des tintements de cuillères, et sourdement angoissée par cet affolement de sucreries tout proche. Je visitai d'autres appartements à partager dans l'East Village. Des espaces impartageables où, à moins d'être emporté par un élan fusionnel comme celui que Cynthia avait suscité en moi, il était impossible d'imaginer une existence. « Mais si, insistait Angela entourée de six ou sept chats et ayant grand besoin d'une sous-locataire pour payer son loyer. Je mets un paravent autour du lit (elle montrait un lit de camp), vous aurez une paix royale, mes amours sont des compagnons délicieux », me disait-elle en caressant ses chats, lesquels se prélassaient sur le lit de camp, leur domaine, qu'ils ne semblaient pas prêts à partager. Ou bien on me proposait, en échange d'un hébergement gratuit, des trocs du genre enseigner le français, garder un bébé, le temps,

assurait le père, d'un aller-retour au Mexique, promener une meute de chiens et leur faire la lecture, seulement à ceux qui étaient dotés de la fibre lectrice, avait précisé leur maîtresse. Ou encore, entrouvrant une porte sur un trou noir, un propriétaire ne tarissait pas d'éloges sur sa tranquillité. Les nuits pâtissières du Coréen m'étaient de plus en plus nauséeuses et mes finances s'exténuaient. La promesse faite au service d'immigration de ne pas contrevenir à mon visa touriste n'était plus tenable. Disposer d'une chambre à soi et d'un salaire, les clefs essentielles de l'indépendance selon Virginia Woolf, devenait urgent. Des amis me conseillaient : « Achète *The Village Voice*, ça ne manque pas, les offres d'appartements à partager. Il n'y a pas que l'East Village, cherche dans d'autres quartiers, New York est grand. » Inconcevable ! Habiter ailleurs que dans l'East Village ressemblait à un exil. L'East Village m'avait changée. Je savais désormais qu'il y avait, à côté de l'art de la nuance et du non-dit, le pouvoir du direct, l'instant du saut, le cri. L'East Village m'avait réconciliée avec ma violence, et j'en avais éprouvé un regain d'énergie, la pure gaieté d'aller. Comme Jack Kerouac avait eu besoin de Neal Cassady pour saisir la leçon de la route, j'avais eu besoin de l'East Village pour accéder à la confrontation, au tranchant du geste – de début, ou de fin. Et en vérité, me disais-je tout en déchiffrant fébrilement *The Village Voice* dans l'éclairage indifférent du Cozy Soup'n'Burger, la colère de Cynthia n'avait pas eu pour motif, comme je l'avais d'abord cru, une liaison avec Roy, un voisin, un type au visage maigre et aux yeux gris inexpressifs, toujours vêtu d'un long imperméable du style western à la Sergio Leone, et qui passait jour et nuit à la Grassroots Tavern, sur St. Mark's Place, à jouer aux fléchettes. Comme envoûtée, je l'imitais et, à mon tour, usais *tout* mon temps à boire des bières, assise au long bar en bois (sur lequel, à chaque fois que le juke-box diffusait la chanson « New York, New York », le serveur dansait), et à fixer la cible. Entre deux verres, j'envoyais, au petit bonheur la chance, une fléchette. Elle allait s'écraser contre le mur. « C'est pourtant simple, s'énervait Roy, tu dois faire avec ton bras le même geste qu'au baseball pour lancer la balle. » À 4 heures du matin, quand le bar fermait, nous montions sur le toit de son immeuble, ou de celui de Cynthia, les deux communiquaient. Il étendait son imperméable sur le sol goudronné. Lorsque, par exception, il ne me voyait pas au bar, il entrait en crise et répétait indéfiniment, toute la nuit si nécessaire, mon numéro de téléphone, c'est-à-dire celui de Cynthia. Elle était à bout. Ses reproches ne changeaient rien à ma fascination, jusqu'au soir où, à l'improviste, mon envoûtement cessa. Nous étions 2nd Avenue, devant le théâtre de l'Orpheum (pas encore secoué par le tintamarre triomphal du spectacle *Stomp*, mais depuis longtemps déserté par les troupes de théâtre yiddish qui avaient fait son succès). Je lui avais expliqué posément qu'il ne me faisait plus aucun effet. Il m'avait envoyé une gifle et, passant en un tour de main (dont j'avais fait les frais) de la place du bourreau à celle de la victime, il s'était laissé tomber bras en croix sur le trottoir. Il hurlait : « Eh bien vas-y, va jusqu'au bout, marche-moi dessus, piétine-moi, vas-y, écrase-moi la gueule… » Ce que je fis.

Cette histoire avait sans doute été pour Cynthia la goutte d'eau fatale, mais, plus profondément, c'était mon adhésion aveugle à *tout* ce qui émanait du quartier qui avait eu raison de son attachement. Elle m'avait offert l'East Village comme un écrin pour notre amour, j'en avais fait l'objet même de mon amour.

Non, déménager de l'East Village était hors de question.

Un soir, alors que je me trouvais, dans l'Upper West Side, au West End Bar, lieu fétiche de la Beat Generation à ses débuts, en train d'attendre une performance d'Allen Ginsberg, une petite annonce pour un studio sur East 7th Street, la seule parmi des offres ne concernant que les alentours de Columbia University, accrocha mon regard. Son occupante partait pour six mois à l'étranger et cherchait à le louer pour cette durée. J'arrachai le sticker et le collai dans mon exemplaire de *Kaddish*. Allen Ginsberg psalmodia, chanta William Blake avec une fougue irrésistible.

Tyger Tyger, burning bright,
In the forests of the night;
What immortal hand or eye,
Could frame thy fearful symmetry?

Tigre, Tigre! Brûlante étincelle,
Dans les forêts de la nuit;
Quelle main, quel œil immortel,
Ont pu créer ton effrayante symétrie?

Le poème résonna en moi comme une exhortation mystique. Quelque chose de l'étrange sensation d'être en contact avec la voix de Blake, éprouvée des années plus tôt par Allen Ginsberg – un événement dont le bouleversement continuait de le hanter –, était perceptible dans son chant. À travers sa voix s'entendait, en improbable mais puissant écho, la voix vivante de Blake. J'étais chavirée (cette nuit-là, je me promis d'aller au Colorado et de vivre un moment à Boulder pour y étudier au Naropa Institute, fondé par son maître en méditation, le bouddhiste tibétain Chögyam Trungpa). Dans mon exaltation entrait aussi l'intuition, ou le pressentiment, d'être sur la piste du bon logement, celui qu'il me fallait à ce point de mon chemin.

Je ne m'étais pas trompée. Le studio de Merryl était parfait. Comme l'appartement de Cynthia, il se situait côté cour et donnait sur une sorte de jardin sauvage planté de grands arbres. Mais les immeubles en face étaient plus rapprochés. J'aimais apercevoir leurs occupants, le soir, chacun dans son cube de lumière, en train de préparer à dîner, de rêvasser un livre à la main, de se lever pour boire un verre ou préparer un café, ou de demeurer à un bureau aux angles usés par toutes les existences studieuses dont il avait été le compagnon. Chacun dans sa petite boîte de gestes familiers, d'affairements distraits, de soucis de l'instant, de joie pour soi. Chacun dans sa petite boîte de Joseph Cornell, le merveilleux artiste dont je venais de faire la découverte au MoMA. Dans sa modeste maison de bois blanc d'Utopia Parkway, dans Queens, il recréait l'univers sous son jour le plus romanesque. De toute sa vie, il n'avait pratiquement jamais quitté sa maison ; cependant, à sa façon, il avait été un grand voyageur. Pour lui, aller à Manhattan représentait le plus beau des voyages. Il nourrissait à l'égard de la ville une curiosité illimitée, et jamais déçue. Joseph Cornell, dans le même moment où André Breton déclarait que les marchés aux puces étaient par excellence les lieux de l'art, explorait les brocantes, les magasins d'objets asiatiques (il y achetait des estampes et ses premières boîtes), et surtout les librairies. Après son travail, il adorait se rendre sur 4th Avenue, alors continûment bordée, depuis Astor Place jusqu'à Union Square, de quarante-huit librairies de livres neufs et d'occasion (dont il ne reste aujourd'hui que Strand). Il s'enfonçait avec bonheur dans ces labyrinthes poussiéreux, en quête de livres illustrés, d'exemplaires rares, de cartes postales décolorées. De ses expéditions à Manhattan, il rapportait, comme d'une pêche miraculeuse, fleurs artificielles, boîtes de pilules, faux diamants, sequins, verres à pied, morceaux de grillage, billes, cloches en verre, éventails peints, boules à neige, roses des sables, chaussons de danse, loups de satin, photographies de danseuses, lambeaux de tutus, rubans de taffetas, guides de voyage, plumes de paon, libellules en perles, timbres anciens, enseignes, dînettes, poupées jetées et poupons cabossés, planches de boutons, paillettes de mica, modèles à broder, brins de soie, guirlandes et cimiers de sapin, flacons, médaillons de nacre… Il rentrait dans sa maison blanche, s'enfermait dans le garage, et reprenait la patiente confection de ses collages et de ses *Shadow Boxes*, ses Boîtes d'Ombres. Il y condensait, pour nos yeux éblouis, un peu de ses réserves d'enchantement, de son génie de l'objet perdu et retrouvé.

Aller au MoMA rendre visite à Joseph Cornell faisait désormais partie de mes habitudes. J'étais en admiration devant ses collages de nuées d'oiseaux, d'enfants princiers et de colombes, de cartes du ciel et d'angelots. Je restais le nez collé contre ses palais de cristal et ses panoplies de bulles de savon, contre les parois de verre du « Coffre à bijoux de la ballerine Maria Taglioni », de « Central Park Carrousel », de « Midnight Party » ou de « Bébé Marie », la précieuse poupée de porcelaine prisonnière de branchages et de givre. Des boîtes à la fois minuscules et infinies, riches en merveilles incalculables de ne tenir que par le prisme de l'imagination. Joseph Cornell possédait la technique pour fabriquer les arcs-en-ciel. Il savait faire exister Naples par un perroquet et une coupure de journal anglais, l'Hôtel du Nord par un habit de dentelle. Je demeurais des heures en contemplation. Et puis une fois, comme à mon insu, je me suis glissée à l'intérieur d'une de ces Boîtes d'Ombres tapissées de velours, et c'était une Boîte d'Écriture. Elle comportait un fragment de miroir, quelques feuilles de thé vert, une goutte d'encre violette. Je n'avais rien décidé. La chose s'était produite à la manière d'un rêve. Pas du tout dans le bruit des poètes en colère, cependant sans eux, sans leur force de rupture et leur audace d'adolescents, je n'aurais jamais traversé la paroi de verre.

En décembre, presque dans le même temps où j'avais emménagé dans le studio de Merryl, j'avais aussi trouvé un travail. J'enseignais le français au World Trade Center. Au soixante-septième étage d'une des tours jumelles. L'école de langue utilisait une méthode particulière, *The Silent Way*. Elle attirait surtout les hommes d'affaires. Le professeur disposait d'un ensemble de petits morceaux de bois de couleurs et tailles diverses : les réglettes. À ces réglettes correspondaient des éléments de grammaire et des sons, que je notais phonétiquement au tableau. Une fois les correspondances apprises, on jouait ensemble à faire des montages à la fois mécaniques et linguistiques. Cela sans qu'un son vienne troubler le calme des hauteurs. *Silent Way*… De l'intérieur des tours se dégageait une atmosphère de systèmes performants et de paroles feutrées, de surfaces miroitantes, de bureaux en plein ciel. Certains jours, un peu endormie, j'alignais en silence mes réglettes sur la grande table brillante, tandis qu'au-dessous de moi la brume matinale se dissipait.

Dans les ascenseurs s'échangeait rarement une parole. Quelques sourires au plus, en évitant tout appel des yeux. Il était logique, au fond, qu'au World Trade Center les signes l'emportent sur la chair, la sensualité vocale du langage. Je n'avais jamais revu le Jason d'Avenue C, qui dans son squat pourri noircissait les murs de chiffres, mais il m'arrivait de penser à lui, au soixante-septième étage du Centre de Commerce Mondial. Par contraste – quoi de plus opposé aux gravats, aux ruines d'immeubles calcinés d'Alphabet City que ce gratte-ciel spectaculaire, toujours éclairé, où s'activait une armée d'employés nets et disciplinés ? Quand le World Trade Center se vidait de ses automates, Alphabet City commençait de s'animer de ses trafics louches... Mais je pensais aussi à Jason par affinité. Cette propension aux chiffres qui, dans sa solitude, s'était aggravée en une manie maladive, son unique mode d'expression, triomphait au World Trade Center comme la langue même de la réalité, c'est-à-dire des finances.

Au rez-de-chaussée, le cours terminé, mes muettes réglettes rangées dans ma sacoche, j'achetais une salade d'épinards. Elle luisait, comme le reste, d'un éclat minéral. Durant l'hiver, j'allais souvent marcher dans Chinatown et dans Little Italy, avant de réintégrer East 7th Street. Mais, avec le retour des beaux jours, j'avais changé ma sacoche pour un sac de plage. Et, à peine le dernier son de français étouffé, je m'empressais de prendre la ligne A pour Rockaway Park Beach. La proximité de la plage se manifestait par une agitation joyeuse à travers le wagon, des jeunes filles, des enfants se trémoussaient sur des musiques portoricaines ou cubaines avant de s'élancer, à peine le train à l'arrêt, vers les dunes légères, l'Océan frangé d'écume.

Ma Boîte d'Écriture, tapissée de bleu, s'augmentait d'hippocampes et d'étoiles de mer.

15

Black-out

C'était l'été 1977, un été de fournaise et, dans New York, un enchaînement de catastrophes, comme si tout ce qui de la ville en faisait une cause perdue (« *Drop dead* », « Va crever », avait été, deux ans plus tôt, la réponse du président Gerald Ford à l'appel au secours lancé par une municipalité aux abois), tout ce qui entravait le quotidien des habitants – insécurité, fermetures d'écoles, d'hôpitaux, chômage, éclairages et transports publics défaillants, chute radicale du marché de l'immobilier –, tout ce qui provoquait la fuite des classes moyennes en banlieue et décourageait le tourisme se manifestait avec une virulence sans précédent. À cause de la chaleur, le goudron sur la chaussée, déjà complètement défoncée, fondait. Là-dessus, une grève des éboueurs avait rendu les rues pestilentielles. Les ordures débordaient des poubelles, s'amoncelaient, croulaient sur les trottoirs. Les rats y pullulaient. À l'inconvénient d'une puanteur effroyable s'ajoutaient des risques d'épidémie. Tout cela, pour moi, n'entamait en rien le charme supranaturel de la vie à Manhattan.

Le soir du mercredi 13 juillet, j'avais rendez-vous au théâtre La MaMa. La chaleur ne cessait de monter. Chez eux, les gens mettaient à fond l'air conditionné. Les bars, les cafés étaient bondés. Dans les rues, les gamins s'aspergeaient sous les bouches d'incendie ouvertes. Une foule en sueur s'agglutinait dans les parcs avec l'espoir d'un peu de fraîcheur. J'avais fait de même. En attendant l'heure du théâtre, j'étais allée à Washington Square Park, il s'y passait toujours quelque chose. Je m'étais assise à côté d'un groupe de musiciens. La touffeur accentuait un sentiment de proximité. Je baignais dans la moiteur ambiante, laissant mes regards vagabonder et mes pensées s'effilocher. Je me sentais bien. Soudain, j'ai vu les lumières disparaître, les fenêtres des demeures alentour et les douze étages de la toute neuve Bobst Library s'éteindre. La ville entière, semblait-il, était plongée dans les ténèbres. Des gens ont couru vers Bleecker Street pour prendre des bougies aux tables de café. Ils s'en sont servis pour éclairer la fête qui déjà battait son plein au milieu de la fontaine à sec. Les musiciens jouaient avec fureur. La police à cheval est intervenue pour faire dégager les

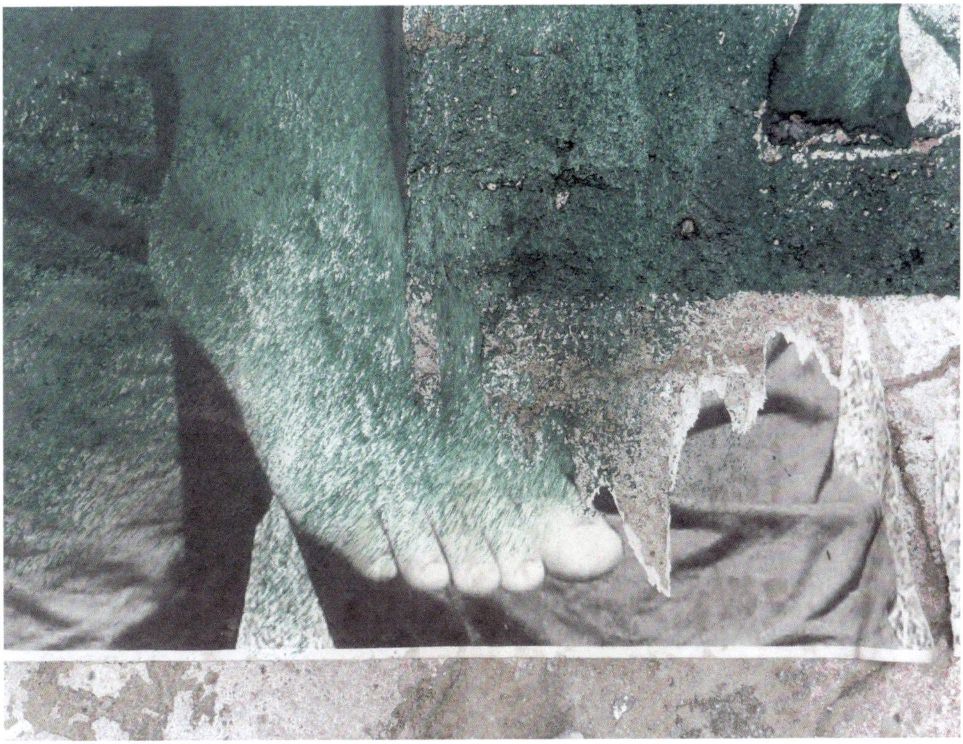

fêtards de la fontaine. À peine avaient-ils disparu que celle-ci s'est repeuplée de groupes encore plus denses. On regardait le ciel, on s'interrogeait, mais les lumières ne revenaient toujours pas. « La nuit promet d'être belle », a prononcé une femme, l'air béat, alors qu'autour d'elle discours politiques et prophéties commençaient de circuler, portés par de lourds effluves de marijuana. Et puis cette nouvelle a percé : la foudre était tombée à plusieurs reprises sur des transformateurs d'électricité, le black-out risquait de durer. Parmi les stridences du saxo et les rumeurs des rues proches s'est élevée une voix de tonnerre. J'ai reconnu la voix du clochard céleste de ma première vision de Washington Square Park. Sous sa capeline piquée de fleurs, il exhalait la vengeance du Seigneur, nous n'avions pas suivi Sa sagesse de lumière, une nuit de calamité bien méritée nous était tombée dessus. Il vociférait la malédiction de Sodome tout en essayant de se frayer une voie à travers les jouisseurs massés dans la fontaine. Deux anges ont battu des ailes derrière un buisson. Il y a eu de nouveaux regroupements, d'autres musiciens se sont mis à jouer, des enfants se sont improvisés vendeurs de bougies. Elles pouvaient peu contre cette nuit sans lune. J'hésitais à m'éloigner de Washington Square Park. Rentrer chez moi ? C'était mieux de ne pas être seule. Tout pouvait se renverser en menaces. Il se chuchotait le nom du tueur en série « *Son of Sam* »,

« le fils de Sam », dit aussi « le tueur au calibre 44 », qui depuis un an terrorisait les jeunes filles aux cheveux noirs mi-longs et maintenait la police sur les dents. Un black-out, pour un tueur en série, quoi de plus désirable ? Des silhouettes insaisissables, des ombres mouvantes me bousculaient. Le clochard céleste, accroché à son chapeau, piquait une crise d'épilepsie. Des policiers à cheval ont fait un retour dans le parc. Quelqu'un a lancé des pétards. Les chevaux se sont cabrés. Les choses tanguaient entre la peur, la violence et la chance de s'amuser, d'improviser, de frémir de la beauté du monde quand sa visibilité vacille.

Finalement, et c'était absurde car l'heure de retrouver les amis était passée, je me suis décidée pour le théâtre. Je suis partie en direction d'East 4th Street. J'entendais des coups de feu. L'impression d'un chaos grandissant m'oppressait. Le métro était arrêté, on prenait d'assaut les bus encore en circulation. Il n'y avait pas une cabine téléphonique libre. De toute façon, les lignes sursaturées ne répondaient plus. Les télévisions, les ascenseurs ne fonctionnaient plus. Les voitures roulaient dans le noir. Pas d'autres sources de lumière que leurs phares. À un carrefour une fille nue dirigeait la circulation. Les conducteurs, hébétés, se fonçaient dessus. Couinements de freins, chocs de ferrailles, insultes, cris. « Réalisez vos fantaisies », s'est mis à crier un vieil homme, encouragé par l'exemple de la fille nue. La fête était dans l'air avec l'excitation du désastre. De derrière les portes fermées de bars parvenait le bruit de gens qui chantaient. Mais pourquoi t'angoisser ? me suis-je dit. Tu es dans l'East Village, tu es chez toi. Aussitôt, toute inquiétude s'est dissipée, et, juste devant Phebe's, à l'instant où je retrouvais une respiration détendue, je me suis cognée contre David, un des amis avec qui j'avais rendez-vous. David était toujours pressé. Il marchait un peu cassé, penché en avant, comme Groucho Marx. Son air sérieux achevait de vous convaincre qu'il était dans une affaire importante ; c'était vrai, sauf qu'il n'y avait pour lui rien de plus important que le plaisir. Il était toujours habillé en blanc, ce qui le dotait, ce soir-là, d'une clarté singulière. « Allons chez Steve, me dit-il, il y a une *party*. » Il portait un sac bourré de perruques, ramassées sur un trottoir, devant un salon de coiffure. Chez Steve, la fête était étrange, sans musique mais galvanisée par une fièvre de paroles. Des gens dansaient en silence. Ils faisaient attention à ne pas heurter les quelques points de lumière disséminés. D'autres jouaient aux cartes. David avait fait une distribution de perruques. La mienne était rose et vert, la sienne bleue. Steve, notre hôte, torse nu au-dessus d'un bermuda à fleurs, était coiffé d'une imposante perruque bouclée, à la Louis XIV. Une canne complétait sa métamorphose. L'heure avançant, nous étions dans une nuit compacte. Plus personne ne dansait. Les conversations faiblissaient. Chuchotements, rires. David, de sa démarche à la Groucho, arpentait la *party*. Des gens allaient et venaient chez Steve. Ils trébuchaient dans l'escalier, frappaient à toutes les portes. Quelqu'un avait une radio à piles. C'est ainsi qu'on a su, vers minuit, que la panne allait durer au moins jusqu'au lendemain. Il restait encore quelques bouteilles, vers lesquelles on s'orientait à tâtons. La radio diffusait du Charlie Parker. Notre hôte, plein d'attentions, tenait à s'enquérir, parfois à quatre pattes lorsque ses interlocuteurs étaient au sol, si tout allait bien. « À merveille, monseigneur », soupirions-nous dans le noir. S'étreindre à l'obscur produisait des surprises. Un doux capharnaüm régnait. J'ai eu envie de respirer au-dehors l'air d'apocalypse. Je suis sortie sur l'escalier de secours. De là, le spectacle était d'une sombre muraille d'immeubles, dominés plus loin par des gratte-ciel, tout aussi sombres. Le World Trade Center avait perdu ses contours (à l'intérieur, les quatre cents femmes de ménage, leurs aspirateurs abandonnés sur place, devaient s'acheminer à pied vers les issues). Des incendies monstres déchiraient le ciel. La chaleur, brûlante, semblait émaner directement de ces immeubles en feu. *Tyger Tyger, burning bright…* Une fatigue m'a terrassée, et je me suis allongée là, à même le sol métallique de l'escalier tendu sur le vide. D'autres corps m'entouraient. Nous nous sommes endormis, vaguement emmêlés, insoucieux du futur, avec, sur le crâne, nos perruques multicolores.

Dans les théâtres, à l'Opéra, le rideau ne se levait pas. Les spectateurs attendaient en vain. C'était comme un geste suspendu, une ouverture dont la suite n'aurait jamais été écrite. Ailleurs, en revanche, l'action se précipitait. Dans le Bronx, l'Upper West Side, à Harlem, dès les premières minutes du black-out, la population se ruait sur les magasins. Des commerçants, armés, tentaient de s'opposer. Des hordes brisaient les vitrines à coups de battes de baseball. Les pilleurs arrachaient des grilles grâce à des chaînes attachées à des voitures. Les gens vandalisaient des bijouteries, des boulangeries, des supermarchés, des bureaux de change, des magasins de sport, d'électronique. Ils s'enfuyaient avec des patins de hockey sur glace et des équipements de DJ. Ils brûlaient des véhicules, prenaient d'assaut des concessionnaires de voitures de luxe. Ils fonçaient à l'aveugle au volant de leur Pontiac. Des voleurs s'attaquaient à d'autres voleurs.

Le lendemain, 14 juillet, Bastille Day ou Noël inespéré, la canicule est montée d'un cran. L'électricité n'est toujours pas rétablie. La Fortune, en délire, se déleste de sa corne d'abondance. La population est hors de contrôle. Ça discute dur dans les bureaux de Con Edison. La compagnie est mise en cause. Les explications fournies ne convainquent pas. La vice-présidente chargée des affaires publiques fait appel à Dieu. Elle conclut, pour soutenir la thèse de la cause par la foudre : « *It was an act of God.* » Les rues sont jonchées de débris de verre et d'objets, de papiers, de meubles abandonnés. Les incendies persistent. Leurs flammes claires chantent la destruction. Face à la police submergée, les gens continuent de traîner des matelas, de transporter des radiateurs, des disques, des téléviseurs, des kilos de chaussures et de sous-vêtements. Ils étreignent des caisses de bouteilles de champagne. Dans l'ombre d'un métro aérien, deux hommes, des colliers anciens enroulés autour du cou, ahanent sous le poids d'un énorme coffre. Vont-ils y découvrir un trésor ou s'apercevoir, trop tard, qu'ils ont charrié leur cercueil ?

Des femmes qui ont sorti leurs manteaux d'hiver en remplissent les doublures de boîtes de conserve et de sèche-cheveux. Elles ont des jouets plein les bras. Elles se glissent à plat ventre sous les stores métalliques à demi arrachés, elles rient, elles paniquent, cherchent à se perdre dans la foule, silhouettes grotesques, cibles de tous les regards… Il n'avait pas fallu longtemps pour que resurgisse, protégée par les ténèbres, vrillée par le besoin, l'armée informe des pauvres.

Notes

1. Franz Kafka, *Journal*, 31 juillet 1916, trad. fr. Marthe Robert, Paris, Livre de Poche, 2001, p. 487.
2. Allen Ginsberg, *Lettres choisies 1943-1997*, trad. fr. Peggy Pacini, Paris, Gallimard, 2013, p. 194.
3. Franz Kafka, *Journal*, *op. cit.*, p. 453.
4. Paul Claudel, *Journal, I (1904-1932)*, Paris, Gallimard, « Bibliothèque de la Pléiade », 1995, p. 33.
5. Jack Kerouac, *Journaux de bord, 1947-1954*, trad. fr. Pierre Guglielmina, Paris, Gallimard, « L'Infini », 2015, p. 137.
6. Nina Bouraoui, *Tous les hommes désirent naturellement savoir*, Paris, J.-C. Lattès, 2018, p. 24.
7. Valerie Solanas, *SCUM Manifesto*, trad. fr. Emmanuelle de Lesseps, Paris, Mille et Une Nuits, 2005, p. 11.
8. Herbert Huncke, *Coupable de tout*, trad. fr. Héloïse Esquié, Paris, Seuil, « Fiction & Cie », 2009, p. 268 et p. 282.
9. *Ibid.*, p. 287.
10. Allen Ginsberg, *Howl*, trad. fr. Robert Cordier et Jean- Jacques Lebel, Paris, Christian Bourgois Éditeur, 2005, p. 8.
11. *Ibid.*, p. 6.
12. Graham Caveney, *Hurler de joie. La vie d'Allen Ginsberg*, trad. fr. Jean Guiloineau et Catherine Pierre, Paris, Éditions Mille et Une Nuits, 1999, p. 44.

13. Jack Kerouac, *Sur la route.* Le rouleau original, trad. fr. Josée Kamoun, Paris, Gallimard, 2015, p. 132.
14. Jack Kerouac, *Journaux de bord, 1947-1954*, *op. cit.*, p. 313.

Table

Du même auteur

Chantal Thomas a reçu en 2014 le Grand Prix de la Société des gens de lettres pour l'ensemble de son œuvre et le prix Roger-Caillois de littérature française et, en 2015, le prix littéraire de la fondation Prince-Pierre-de-Monaco.

Sade, l'œil de la lettre
essai
Payot, 1978, rééd. sous le titre
Sade, la dissertation et l'orgie
« Rivages Poche », n° 384, 2002

Casanova
Un voyage libertin
essai
Denoël, « L'Infini », 1985
et « Folio », n° 3125

Don Juan ou Pavlov
Essai sur la communication publicitaire
en collaboration avec Claude Bonnange
essai
Seuil, « La Couleur des idées », 1987
et « Points Essais », n° 218

La Reine scélérate
Marie-Antoinette dans les pamphlets
essai
Seuil, 1989
et « Points Histoire », n° 395

Thomas Bernhard
essai
Seuil, « Les Contemporains », 1990,
rééd. sous le titre *Thomas Bernhard, le briseur de silence*
« Fiction & Cie », 2007

Sade
essai
Seuil, « Écrivains de toujours », 1994

La Vie réelle des petites filles
nouvelles
Gallimard, « Haute Enfance », 1995
et « Folio », nº 5119

Comment supporter sa liberté
essai
Payot, 1998
et « Rivages Poche », nº 297, 2000

La Suite à l'ordinaire prochain
La représentation du monde dans les gazettes
livre collectif codirigé avec Denis Reynaud
Presses universitaires de Lyon, 1999

Les Adieux à la reine
roman
Seuil, « Fiction & Cie », 2002
Livraphone, 2003
et « Points », nº P1128
Prix Femina 2002

Le Régent, entre fable et histoire
livre collectif codirigé avec Denis Reynaud
CNRS Éditions, 2003

La Lectrice-Adjointe,
suivi de *Marie-Antoinette et le théâtre*
théâtre
Mercure de France, 2003

Souffrir
essai
Payot, 2003
et « Rivages Poche », nº 522

L'Île flottante
nouvelle
Mercure de France, 2004

« Où sont les poupées ? » in *Poupées*
sous la direction d'Allen S. Weiss
Gallimard, 2004

Le Palais de la reine
théâtre
Actes Sud-Papiers, 2005

Jardinière Arlequin
conversation avec Alain Passard
Mercure de France, 2006

Chemins de sable
conversation avec Claude Plettner
Bayard, 2006
et « Points Essais », nº 596

L'Invention de la catastrophe au XVIII*e siècle*
Du châtiment divin au désastre naturel
livre collectif codirigé avec Anne-Marie Mercier-Faivre
Droz, 2008

Cafés de la mémoire
récit
Seuil, « Réflexion », 2008
Prix littéraire de la ville d'Arcachon

Le Testament d'Olympe
roman
Seuil, « Fiction & Cie », 2010
Thélème, 2011
et « Points », nº P2674

Dictionnaire des Vies privées (1722-1842)
codirigé avec Olivier Ferret et Anne-Marie Mercier-Faivre
préface de Robert Darnton
Oxford, Voltaire Foundation, 2011

L'Esprit de conversation
Trois salons
essai
Payot, « Rivage Poche », nº 706, 2011

Casanova
La passion de la liberté
codirigé avec Marie-Laure Prévost
Bibliothèque nationale de France/Seuil, 2011

L'Échange des princesses
roman
Seuil, « Fiction & Cie », 2013
Thélème, 2013
et « Points », nº P3327

Un air de liberté
Variations sur l'esprit du XVIIIe siècle
essai
Payot, 2014
Prix de l'Essai de l'Académie française 2014

Pour Roland Barthes
essai
Seuil, « Fiction & Cie », 2015

Souvenirs de la marée basse
roman
Seuil, « Fiction & Cie », 2017
et « Points », nº P4835

« Sous la surface nue » in *Osons la fraternité !*
collectif sous la direction de Michel Le Bris
et Patrick Chamoiseau
Éditions Philippe Rey, 2018

Allen S. Weiss est newyorkais. Il a publié aux Éditions du Seuil *Miroirs de l'infini* (2011) et *Le livre bouffon. Baudelaire à l'Académie* (2009). Il est aussi, entre autres, l'auteur de *Zen Landscapes* (2013) et de *The Grain of the Clay: Reflections on Ceramics and the Art of Collecting* (2016), les deux illustrés de ses photographies (Reaktion Books). Il enseigne dans les départements de Performance Studies et de Cinema Studies à la Tisch School of the Arts de New York University.

RÉALISATION : IGS-CP À L'ISLE-D'ESPAGNAC
IMPRESSION : GRAPHYCEMS
DÉPÔT LÉGAL : AVRIL 2019. N° 140692-2
Imprimé en Espagne